政治教育と民主主義

政治教育と民主主義

―― リット政治教育思想の研究 ――

宮野安治著

知泉書館

はじめに

　政治と教育は相容れないところがある。福沢諭吉に「政事と教育と分離すべし」という小論があるが，福沢によれば，「政治は人の肉体を制するものにして，教育はその心を養うものなり。ゆえに政治の働は急劇にして，教育の効は緩慢なり」。政治（政事）と教育は本来その性質が相対立するものであって，したがって，「この活潑なるものと緩慢なるものと相混一せんとするときは，おのずからその弊害を見るべき」ことになる。たとえば，「旧水戸藩において学校の教育と一藩の政事とを混一していわゆる政治教育の風をなし，士民中はなはだ穏かならざりしこと」があったが，まさにこのことは，「政教混一の弊害」を明らかに証している。「政事は政事にして教育は教育なり」であって，ゆえに，「政教の二者を分離すべし」というわけである（山住正己編『福沢諭吉教育論集』岩波文庫，1991年，120-126頁参照）。
　が，政治と教育の分離は，現実には難事である。その最大の原因は，政治の側にあると見てよい。というのも，近代国家の成立以降，国家は，どのような大義名分であれ，機会あらば，教育に立ち入り，教育を取り込み，教育を支配しようとしてきたからである。とりわけ，良くも悪くも教育熱心な政治家は，国家の発展は教育にありとの熱弁を振って，将来の国民をみずからの掌中に収めようとしてきた。教育の政治化というべき事態であって，場合によれば，ある特定の政治的イデオロギーの注入が教育に背負わされたりした。これに対して，教育サイドは，「教育の自由」「教育の自律」「教育の中立性」等といったスローガンを掲げ，これを盾にして，政治による教育の支配に対して自己を防御しようと努めてきたのである。
　しかしながら，とはいえ，政治と教育を逆に完全に切り離してしまう

わけにもいかない。他方において，両者の関係が問題とならざるをえない。その場合，前述のような，一方が他方を支配するといった関係を採ることはできない。恐らく，最も望ましいと思えるのは，政治は，強引に教育に介入するのではない「教育政策」で教育をサポートし，しかるに，教育は，ドグマ的な注入に陥らない「政治教育」によって良識ある公民を育成するというような関係であろう。そうだとすれば，そうした関係を可能にするいわば枠組みがさらに問題となってくるが，いわゆる「民主主義」こそが，そのような枠組みに最もふさわしいものといえるのではないだろうか。

　この点に関して，「教育基本法」が，「教育行政」について，「教育は，不当な支配に服することなく……」とする一方で，「政治教育」について，「特定の政党を支持し，又はこれに反対するための政治教育その他政治的活動」を禁止しつつも，「良識ある公民として必要な政治的教養は，教育上尊重されなければならない」としているのも，まさしく「民主主義」の精神に基づくものであることが，今一度確認されるべきであろう。けれども，政治と教育の関係が揺れ動き，政治がまたもや教育をコントロールしようとしている昨今の状況を見れば，政治と教育の関係，政治教育の問題，そして民主主義というものを改めて考えてみる時期に差し掛かっていることも，また間違いのないように思われるのである。

　「リット政治教育思想の研究」という副題を添えた本書は，直接的には，20世紀ドイツの哲学者・教育学者テーオドール・リット（Theodor Litt, 1880年～1962年）の政治思想を含めた政治教育思想を取り上げるものであるが，本書の公刊の背景には，以上のような著者なりの問題意識があることを，最初に申し述べておきたいと思う。ただし，著者が努めたのは，安易な結論を引き出したり，奇抜な解釈を試みたりすることではなく，あくまでもリットに即して，彼の思想を浮かび上がらせ，そこから問題を取り出すということである。本書が，政治と教育をめぐる問題の検討に何らかの材料を提供することができれば，そして同時に，リットの紹介と研究にいささかなりとも資することができれば，著者にとっては望外の幸せである。

目 次

はじめに……………………………………………………………ⅴ

序論 「民主主義の哲学と教育学」への道………………………3

第1章 文化教育学における「ナショナリズム」問題…………11
 第1節 文化教育学の構想と展開…………………………11
 第2節 「ナショナリズム」対「インターナショナリズム」…15
 第3節 「交差」原理と共和国擁護の立場………………19
 第4節 「文化科」問題と「ドイツ科」批判……………28

第2章 ヴァイマル期の公民教育論………………………………35
 第1節 ヴァイマル共和国における「公民教育」論議…35
 第2節 国家の本質と公民教育……………………………39
 第3節 公民教育における国家の理念と現実……………44
 第4節 「大学と政治」をめぐって………………………50

第3章 ナチズムとの対決…………………………………………57
 第1節 反ナチズムの態度…………………………………57
 第2節 ナチス国家と精神科学の課題……………………66
 第3節 人種論的歴史観の解剖……………………………70
 第4節 哲学と時代精神……………………………………74

第4章 ドイツ精神とキリスト教…………………………………79
 第1節 ローゼンベルクの『20世紀の神話』……………79
 第2節 人種理論の検討……………………………………83

第3節　本質形成と出会い……………………………………87
　第4節　「他者との出会い」論の意味するもの……………94

第5章　国家暴力と道徳…………………………………………99
　第1節　ペスタロッチの人間学………………………………99
　第2節　自由と暴力……………………………………………105
　第3節　暴力のデーモンと道徳的良心………………………109
　第4節　『わが闘争』の自然主義……………………………113

第6章　民主主義と政治教育……………………………………121
　第1節　「民主主義」対「全体主義」………………………121
　第2節　エティンガーのパートナーシップ論………………128
　第3節　民主主義への政治教育………………………………133
　第4節　政治教育における闘争………………………………140

第7章　共産主義と自由の問題…………………………………149
　第1節　ソヴィエト化と教育の自律…………………………149
　第2節　共産主義批判の諸相…………………………………155
　第3節　共産主義と民主主義における自由…………………165
　第4節　残された問題…………………………………………173

結論　「民主主義の哲学と教育学」からの道…………………181

あとがき……………………………………………………………191
索　引………………………………………………………………193

政治教育と民主主義

―― リット政治教育思想の研究 ――

序　論
「民主主義の哲学と教育学」への道

　「彼の思考は心底政治的な人間の現実であった」[1]と評されたかのマックス・ヴェーバー（Max Weber）は，1895年のフライブルク大学教授就任講演「国民国家と経済政策」（Der Nationalstaat und die Volkswirtschaftspolitik）において，ドイツ人の「政治的未成熟」を鋭く指摘し，それを克服するために「政治教育」が必要であることを力説した。すなわち彼は，ドイツのブルジョワジーも，またドイツのプロレタリアートも，国民を政治的に指導し，将来の政治を担うに足るだけの政治的成熟性をいまだ欠いており，したがって，「壮大な政治的教育事業」を行い，「わが国民の政治的教育というこの課題」を自覚して，各人がこの課題の実現に貢献することが，ドイツ人にとって何よりも厳粛な義務でなければならない，と説いたのである[2]。が，果たしてドイツ人の政治教育というこの課題は実現され，ドイツ人は政治的に成熟したであろうか。

　そもそも政治というものが，国家や社会の方向を，また個人の運命すらも決定する根本力である以上，「政治教育」の問題は，どの時代にあっても，その時代の教育の最重要問題に属するはずであるが，だが現実には，この問題に対してこれまでそれにふさわしい考慮が払われてきたとはいいがたい。とりわけドイツ教育学においては，ドイツ人固有の

---

1) Karl Jaspers: Max Weber. Politiker-Forscher-Philosoph (1932), jetzt in: Max Weber. Gesammelte Schriften, München 1988, S.54.
2) ヴェーバー著，中村貞二訳「国民国家と経済政策」ヴェーバー著，中村貞二他訳『政治論集1』みすず書房，1982年，37-63頁参照。

「非政治性」もしくは「反政治性」のために，ヴェーバーの力説にもかかわらず，この問題はある意味で軽視される傾向にあった。特に新人文主義以来，精神的・理念的な世界への飛翔を重く見て，世俗的な政治の世界を汚れたものと考えるところから，「政治教育」の問題は周辺に押しやられることが多かった。あるいは，「政治教育」が声高に叫ばれることがあるにしても，それはドイツ人の政治的成熟を助成するというよりも，むしろそれを押さえ込み，ある特定の政治目的ないしは政治体制に奉仕させるためのものであった。このゆえに，教育学の普遍的なテーマでありうる「政治教育」の問題は，ドイツ教育学においてはかなり込み入った複雑な事情に置かれているのである。

こうした真の意味での政治的な感覚を欠落させたドイツ教育学の伝統の中で，政治という人間の根本営為に対して深い省察を試み，それに基づいて「政治教育」（die politische Erziehung）あるいは「政治陶冶」（die politische Bildung）の問題に取り組んだ一人がリットであろう。1880年に生を受け，1962年に没した彼は，第1次世界大戦，ヴァイマル期，ナチスの支配，冷戦下における東西両ドイツの分裂と対立という20世紀ドイツの激動の時代をまさに身をもって体験したわけであるが，その思想行程全体は，第2次世界大戦を境にして，「文化哲学」（Kulturphilosophie）を基盤に「文化教育学」（Kulturpädagogik）が標榜されている「前期」と，「哲学的人間学」（Philosophische Anthropologie）をベースに「人間陶冶」（Menschenbildung）の問題が展開されている「後期」にほぼ二分することができる。したがって，これに応じて，彼が具体的に取り上げている教育学上のテーマも時期によってかなりの違いが見られ，たとえば，「文化と教育」とか「教育学の科学的基礎づけ」といった「前期」で好んで論じられたテーマは「後期」には退き，それに代わって，「自然科学と人間陶冶」とか「技術と人間陶冶」とかいったテーマが浮上してくることになる[3]。けれども，このような変遷を貫いて，リットが終生にわたって関心を抱き続けたのが，「政治」や「国家」の問題であり，「政治教育」の問題にほかならないのである。

ここで，政治や政治教育を主題としたリットの主だった著作を年代

---

3) この「前期」と「後期」の区分については，宮野安治著『リットの人間学と教育学』渓水社，2006年，3-10頁参照。

順に概観しておくと，すでに1919年に「公民教育」(Staatsbürgerliche Erziehung) と題した小文が書かれている。いわゆるヴァイマル期には，ナショナリズムとインターナショナリズムの相剋状況の中で，『ナショナルな教育とインターナショナリズム』(Nationale Erziehung und Internationalismus) が著されるとともに，他方では，公民教育への哲学的反省が企てられ，そのような試みは，24年の「公民教育の哲学的基礎」(Die philosophischen Grundlagen der staatsbürgerlichen Erziehung) や31年の「公民教育における国家の理念と現実」(Idee und Wirklichkeit des Staates in der staatsbürgerlichen Erziehung) といった論文となって結実する。後者の論文が現れた年に彼はライプツィヒ大学の学長に就任するが，その学長就任講演の題目は「大学と政治」(Hochschule und Politik) であった。

次に訪れたナチス支配の時代は，リットをしてますます「政治」や「政治教育」へのかかわりを強めさせることになった。この時代に彼はドイツ人の政治的未成熟を改めて痛感したのである。ナチズム批判は，著作の上ではまず1933年に『ナチス国家における精神科学の位置』(Die Stellung der Geisteswissenschaften im nationalsozialistischen Staate) となって現れ，その後に刊行された，必ずしもナチズム問題を正面に据えていない35年の『哲学と時代精神』(Philosophie und Zeitgeist) や，ナチズムのバイブルと称されたローゼンベルク (Alfred Rosenberg) の『20世紀の神話』(Der Mythus des 20.Jahrhunderts) 批判を含んだ38年の『ドイツ精神とキリスト教』(Der deutsche Geist und das Christentum) といった書にも，これを窺うことができる。37年にライプツィヒ大学を予定より早く退職し，いわゆる「内的亡命」の道を歩むことになった彼は，一方ではゲルデラー (Carl Goerdeler) を中心とした抵抗運動と接触を保ちつつ，他方ではナチズム批判をさらに先鋭化させた『国家暴力と道徳』(Staatsgewalt und Sittlichkeit) を42年に書き上げるが，これは戦後の48年になってようやく日の目を見ることになる。

ナチス体験を通して「民主主義」(Demokratie) の意義を深く認識したリットは，『人間の自由と国家』(Die Freiheit des Menschen und der Staat) を1953年に，『ドイツ民族の政治的自己教育』(Die politische Selbsterziehung des deutschen Volkes) を翌54年に上梓すると同時に，

東西対立や共産主義の問題にも果敢に挑み，その成果は『東西対立に照らした科学と人間陶冶』(Wissenschaft und Menschenbildung im Lichte des West-Ost-Gegensatzes) となって現れる。特に晩年の彼は，それまで以上に政治や政治教育の問題に専念し，とりわけ「民主主義」や「自由」について，またその教育的意義について考察を深めることになるのであるが，彼の死の直前の 1962 年に公刊された『自由と生活秩序』(Freiheit und Lebensordnung) には「民主主義の哲学と教育学について」(Zur Philosophie und Pädagogik der Demokratie) という副題が添えられていたのである。

　以上により，政治や政治教育の問題にリットが生涯関心をもち続け，これをみずからの哲学的・教育学的考察の，最重要とはいえなくとも，かなり重要な対象として位置づけていたことは明らかであろう。とはいえ，時代の政治状況に対応して，彼の政治的立場や掲げられているテーマに変化が認められるのは当然のことであるし，しかも重要なことには，その思想の展開に関してある種の発展なり深まりが見られるのである。この発展なり深まりというのは，とりわけ「民主主義」ということにかかわっている。すなわち，リットは，ヴァイマル共和国の擁護者ではあったが，まだこの段階では「民主主義」の決定的意義は十分に自覚されておらず，それが，ナチズムを経験することによって，加えて，共産主義に直面することによって，「民主主義」を標榜し，ついには，最後の書である『自由と生活秩序』の副題が示すように，「民主主義の哲学と教育学」の立場を打ち出すにいたるのである。したがって，このように見るならば，リットの政治思想・政治教育思想の行程は，これを「民主主義の哲学と教育学への道」としてとらえることができるであろう。本書は，リットのこうした「民主主義の哲学と教育学への道」を辿ろうとするものである[4]。

　それに際しては，全体を貫く特徴的なこととして，3 つばかりのこ

---

　4)「民主主義」という語は，いうまでもなく，元々は democracy（ドイツ語では Demokratie）の訳語であるが，この democracy は，単に「○○主義」といったような思想だけでなく，制度や政体をも含むところから，これまで，場合によっては，「民主政」「民主政治」，あるいはそのまま「デモクラシー」と訳されたりもしてきた。しかし，ここでは思想・制度・政体を含めて「民主主義」という言い方をして，リットの Demokratie も「民主主義」と訳すことにする。

とをあらかじめ指摘しておきたい。まずその一つは、リットにあっては、「政治と教育の関係」に関して、「教育の相対的自律」(die relative Autonomie der Erziehung) という思想が終始根底にある、ということである。そもそも、「教育の自律」という問題は、リットをも含めたいわゆる「精神科学的教育学」(Geisteswissenschaftliche Pädagogik) が取り組んだ根本テーマの一つである[5]。リットの場合、とりわけ二度にわたって「教育の自律」について直接的に論じている。ヴァイマル期の「教育の現状とその要求」(Die gegenwärtige Lage der Pädagogik und ihre Forderungen) と第2次世界大戦後の「教師養成に対する教育理論の意義」(Die Bedeutung der pädagogischen Theorie für die Ausbildung des Lehrers) においてである。ただし、「政治と教育の関係」という点からいえば、同じ「教育の相対的自律」といっても、前者では、「政治の教育化」が批判されて、「相対的」という面が強調されているのに対して[6]、後者においては、「教育の政治化」に異が唱えられて、「自律」という面にアクセントが置かれてはいる[7]。しかし、いずれにしても、リットにおいては、政治と教育は、それぞれが独自の領域であって、その「自律」が擁護されなければならないと同時に、両者は無関係に並立するのではなく、相互に限定し合い、そのかぎりにおいては、「教育の自律」は「教育の相対的自律」とならざるをえないとされているのである。

次に挙げなければならないのが、「学問的非党派性」(die wissenschaftliche Unparteilichkeit) とでも称すべきリットのスタンスである。確かに、リットにあっては、後に見るように、ヴァイマル期においては、学問研究の自由のために、あらゆる党派的な立場に対する「厳格な中立性」(die strenge Neutralität) を求めていたが、これが、そうした学問研究の自由を容認しない全体主義の経験を踏まえた「民主主義」の標榜の段階では、学問研究の自由、つまりはそれを可能にする「民主主

---

5) 「精神科学的教育学」については、次の書で概説しておいた。山﨑高哉編著『教育学への誘い』ナカニシヤ出版、2004年、80-89頁。

6) Theodor Litt: Die gegenwärtige Lage der Pädagogik und ihre Forderungen, in: Möglichkeiten und Grenzen der Pädagogik, Leipzig/Berlin 1926, S.1-60.

7) Theodor Litt: Die Bedeutung der pädagogischen Theorie für die Ausbildung des Lehrers, in: Pädagogik, 1. Jg., H.4, 1946, S.22-32.

義」を否定する党派的立場に対しては「厳格な中立性」を破棄するにいたるということがある[8]。けれども，たとえ「厳格な中立性」が破棄されたとしても，それはあくまでやはり学問研究の自由のためであって，それゆえに，特定のイデオロギーや党派的な立場に依拠した学問研究は依然として拒否されていると見るべきであろう。この点，終始リットは，「学問的非党派性」から政治について論じ，また，「偏見なく考察し，広い心で進んで協同することを励ます教育論，およびこうした教育論に支えられた教育実践が必要である」[9]として，それを政治教育にも求めたといってよいのである。

そしてもう一つは，リットの政治思想・政治教育思想の形成が，絶えず他の諸思想との対決においてなされている，ということである。そもそも「対決」（Auseinandersetzung）や「論争」（Polemik）といったことは，リットの思想形成の根本契機をなしているものである。これは，「弁証法」（Dialektik）を奉ずるリットとしては，ある意味では当然のことであろう。だから，「リットの論文あるいは著書を読む者には，たとえば，彼の著作がどれほど「防衛的に」，あるいは時としてはそれどころか「論争的に」形づくられているか，ということが即座に目につく」[10]といわれたりする。リットのこの対決的・論争的性格は，とりわけ政治思想・政治教育思想にあっては顕著で，具体的にはたとえば，ヴァイマル期の公民教育論では，ケルシェンシュタイナー（Georg Kerschensteiner）あたりが，対決的・論争的性格が一層強まるナチス期では，『20世紀の神話』のローゼンベルクや『わが闘争』（Mein Kampf）のヒトラーが，「民主主義」を標榜する段階では，エティンガー（Friedrich Oetinger）および共産主義が，対決ないしは論争の主だった相手となっている。いずれにしても，リットの政治思想・政治教育思想を取り上げるに際しては，こうした彼の対決的・論争的性格を押さえておくことが是非もって必要なのである。

---

8) Vgl.Theodor Litt: Freiheit und Lebensordnung. Zur Philosophie und Pädagogik der Demokratie, Heidelberg 1962, S.101f.

9) Theodor Litt: Das Problem der politischen Erziehung（1952）, in: Politische Bildung in der Schule. Erster Band, hrsg. von Heinrich Schneider, Darmstadt 1975, S.13.

10) Lorenz Funderburk: Erlebnis・Verstehen・Erkenntnis. Theodor Litts System der Philosophie aus erkenntnistheoretischer Sicht, Bonn 1971, S.184.

ところで，これまでのリット研究において，政治哲学者・政治教育学者としてのリットの取扱いはどうであったろうか。リットに関する研究書や研究論文は，しばしば名が並べられるノール（Herman Nohl）やシュプランガー（Eduard Spranger）と比べて，数の上でははるかに凌駕しているものの，彼の政治思想や政治教育思想を取り上げたものは，近時数が増えつつあるとはいえ，必ずしも多くはない。リット全体を扱った代表的な書としては，ラサーン（Rudolf Lassahn），クラフキ（Wolfgang Klafki），レブレ（Albert Reble），ガイスラー（Erich E. Geissler）等のものが挙げられるが，これらの書においては，場合によれば，政治思想や政治教育思想について章が割かれたりしている[11]。また，ヴァイマル期とかナチス期とか冷戦期とかいった特定の局面をテーマにした研究書や研究論文もそれなりに存在している。けれども，リットの政治思想・政治教育思想全体を取り上げたものとなると，デルボラフ（Josef Derbolav）やレブレ等の論考をわずかに数える程度であり[12]，系統立った書ということになれば，管見のかぎりではあるが，皆無に近い状態と見てよいであろう。

　政治哲学者・政治教育学者リットが，特にある時期まで注目されなかったのには，それなりの理由が存したと考えられる。すなわち，そうであったのは，リットの場合，左右両イデオロギーの中間に位置するその政治的立場のゆえに，旧弊なリベラリストとして簡単に片付けられることが多かったからであろう。しかしながら，ヴァイマル期の政治状況やナチズムと知識人との関係について論議が白熱し出し，加えて，冷戦構造解体後の新しい政治世界のモデルが広く求めはじめられるに及ん

---

11) Rudolf Lassahn: Das Selbstverständnis der Pädagogik Theodor Litts, Ratingen 1968. Wolfgang Klafki: Die Pädagogik Theodor Litts, Königstein/Ts. 1982. Albert Reble: Theodor Litt, Bad Heilbrunn 1995. Erich E. Geissler: Theodor Litt, Würzburg 2011. また，日本のリット研究書においては，たとえば次の書で「民主主義と政治教育」の問題が取り上げられている。西方守著『リットの教育哲学』専修大学出版局，2006年，188-213頁。

12) Josef Derbolav: Die Theorie der Politischen Bildung im Gesamtwerk Theodor Litts, in: Theodor Litt und die Politische Bildung der Gegenwart, hrsg.von Peter Gutjahr-Löser/Hans-Helmuth Knütter /Friedrich Wilhelm Rothenpieler, München 1981, S.21-48. Albert Reble: Theodor Litts Stellung in der Entwicklung der sozialen und der politischen Erziehung, in: Theodor Litt und die Politische Bildung der Gegenwart, hrsg.von Peter Gutjahr-Löser/Hans- Helmuth Knütter/ Friedrich Wilhelm Rothenpieler, S.49-103.

で，リットに対する評価も見直さざるをえなくなった。この点でその先駆けとなったのが，いまだ冷戦期ではあるが，リット生誕100年（1980年）を記念してボン大学で開催された，「テーオドール・リットと現代の政治陶冶」(Theodor Litt und die Politische Bildung der Gegenwart) と題されたシンポジュウムであろう[13]。このリット生誕100年から激動の時代を通り抜けて，さらにリット没後50年（2012年）を経た今日，改めて政治思想をも含めた彼の政治教育思想を俎上に乗せ，これについて検討を加え，その意義や問題点を取り出してみることは，決して無意味な企てとはいえないように思われるのである。

---

13) Vgl. Peter Gutjahr-Löser/Hans-Helmuth Knütter/Friedrich Wilhelm Rothenpieler (Hrsg.): Theodor Litt und die Politische Bildung der Gegenwart.

第1章
文化教育学における「ナショナリズム」問題

　リットの本格的な学的活動は，第1次世界大戦の最中に開始され，ヴァイマル期に開花的な展開を見ることになる。本章においては，リット政治教育思想の道程を辿る第一歩として，ヴァイマル期の彼の「文化教育学」でいわゆる「ナショナリズム」の問題がいかに論じられているかを取り上げ，その意義や問題点等について考えてみることにする。

第1節　文化教育学の構想と展開

　リットは1880年12月27日に，ライン河畔のデュッセルドルフで生を受けた。地元のギムナジウムを卒業後，1899年から1904年までボン大学とベルリン大学で古典語や歴史や哲学を学び，1904年にボン大学で哲学の学位を取得した。1904年から18年までの間，ボンの古典語ギムナジウムとケルンのフリードリッヒ・ヴィルヘルム・ギムナジウムで教鞭を執った後，1919年にボン大学の教育学の「員外教授」（außerordentlicher Professor）に迎えられた。この年には，リットの名を不朽にした『個人と共同体』（Individuum und Gemeinschaft）が刊行されているが，すでに彼はその前年に最初の大著『歴史と生』（Geschichte und Leben）を世に送っていた。
　著作の上では，1910年代に入る以前に書かれたものは，数も少ないし，また後に展開される彼の思想と内容的に直結してもいない。リットの本格的な学的営為の文字通りの出発点をなす著作ということに

なれば，1916 年に『教育学新年報』（Neue Jahrbücher für Pädagogik）に掲載された「歴史教授と言語教授」（Geschichtsunterricht und Sprachunterricht）と題された論文をやはり挙げるべきであろう。後に『歴史と生』に付録論文として再録されることになるこの著作は，ギムナジウム教師時代に執筆されたものであるが，そこにはリット特有の問題設定や思考様式をすでに認めることができる。

たとえば，リット教育学はしばしば「弁証法的教育学」として特徴づけられるが，そうした弁証法的思考は，いまだ十分には自覚されていないにせよ，この論文でも現れているといえる。すなわち，「歴史教授」と「言語教授」という対立的な契機が，その対立性において浮き彫りにされると同時に，それぞれの契機の意義と限界が明らかにされ，したがって，一方の契機の絶対化が否定され，両者が相互補完の関係においてとらえられ，こうした相互対立的・補完的関係において精神の陶冶がはじめて可能になるとされているのである。

また，ある種の教育学上の問題の究明が，「究極的なものを解明する考察，したがって哲学的考察において獲得されている原理」[1]にまでさかのぼってなされていることも指摘されなければならない。とりわけ，「哲学」ということでこの時点でリットの念頭にあったのは，ディルタイ（Wilhelm Dilthey），ジンメル（Georg Simmel），トレルチ（Ernst Troeltsch），シュプランガーに代表される「文化哲学」である。つまり，文化哲学に基づいて教育学的問題を考察するということが，すでにこの論文において表明されているのである。これは，当然「文化哲学」に依拠した「文化教育学」という後のリットの構想につながってくるものである。

けれども，その背後に一定の文化哲学的・文化教育学的基盤が存在するとはいえ，この論文はあくまで教育学上の特殊問題を取り上げたにすぎず，そこにリット教育学の全体的なプログラムを看取するのはまだ不可能である。この論文をもってリット教育学が本格的に成立したと見なすことはまだできないのである。

ところで，この論文はかの文化哲学者トレルチによって注目され

---

1) Theodor Litt: Geschichtsunterricht und Sprachunterricht (1916), in: Geschichte und Leben (1918), 3.Aufl. Leipzig/ Berlin 1930, S.218.

第1節　文化教育学の構想と展開　　　　　　　　　　13

ることとなった。すなわち，トレルチは1916年の「われわれの教育制度におけるヒューマニズムとナショナリズム」(Humanismus und Nationalismus in unserem Bildungswesen) において，リットのこの論文を「すぐれた論文」とし，これが「科学的陶冶にとって言語教授の，しかも外国語教授のはるかに重大な意義を正当に強調している」という点を高く評価したのである[2]。この時期までのリットとトレルチとの個人的な関係については不明であるが，いずれにせよ，この論文がトレルチの目に留まり，恐らくはトレルチの推薦によってであろうと思われるが，リットは，プロイセン文部省が1917年の5月24・25日の両日にベルリンで開催した教育会議に参加することになる。そして，この会議の参加を契機に，しかも，この会議でトレルチによって打ち出された「文化教育学」という教育学の新理念に共鳴して，「教育学の改造」(Eine Neugestaltung der Pädagogik) という論文が書かれるのであるが，この論文こそがリット教育学の本格的成立となるものなのである。

　この論文においてリットは，そもそも「教育」は決して真空の内で行われるのではなく，「文化」によって制約され，それに必然的に結びつけられていることを強調している。

　　　どの時代でも，青少年陶冶や教育といったものの形式や制度や目標
　　は，自分の内に安らいだ自立した精神的創造物であったことはな
　　く，文化圏という生きた全体の中でその都度作用を及ぼし，目標を
　　設定する諸傾向の形成物であり，反映物であった。成長過程にある
　　世代を，これら諸傾向に奉仕できるように，そして，進んでそうす
　　るようにさせることが，青少年陶冶や教育の使命であった。この必
　　然的な連関は，また，現在教育問題の領域で支配している活況を，
　　文化的な全体的生と結びつけてもいる。それどころか，これらの関
　　係が，まさしく今日ほどに，多様で活発で有効だったことはなかっ
　　た，とする意見にひとは好感をもつかもしれない[3]。

---

　2)　Ernst Troeltsch: Humanismus und Nationalismus in unserem Bildungswesen (1916), in: Deutscher Geist und Westeuropa. Gesammelte kulturphilosophische Aufsätze und Reden, hrsg.von Hans Baron, Tübingen 1925, S.238.

　3)　Theodor Litt: Eine Neugestaltung der Pädagogik (1918), in: Pädagogik und Kultur.

リットによれば，文化が単純で，文化と教育が調和しているような時代にあっては，その時代の文化理想が教育理想に無意識的に現れ，そこに葛藤や軋轢が生じることはない。ところが，文化が複雑化し，錯綜すれば，文化と教育の間に裂け目が生じることになる。現代はまさに「前代未聞の文化危機」の時代であって，したがって，「国民文化の生きた全体」を解明し，それと教育との間を取り結ばなければならない。そこで，こうした課題に応じるべく登場したのが，「文化哲学」によって基礎づけられた教育学の新しい形式，つまり「文化教育学」にほかならないのである。

　けれども，誕生しつつある文化教育学の将来は必ずしも平坦なものではなく，様々な困難や誤解が予想される。文化教育学は，「根のないこと」として非難されたり，「侵入者」として排斥されたり，「イデオロギー的突飛」として，「時の意見への軟弱な迎合」として非難されたりするかもしれない。だから，それが教育学の新しい方向として成功するかどうかは，今後のその研究成果次第である。リットは，「教育学の改造」と銘打ったこの論文を，みずからの決意を込めて，次のような言で結んでいるのである。

　　文化教育学が，このような反対を武装解除し，研究と形成の領域の中で一つの場を自分に勝ち取ることができるかどうかは，それがなす業績にかかっているであろう[4]。

　こうして，「リットが最初に彼の頭に浮かんだ文化教育学のプログラムを定式化している論文」[5]とされるこの「教育学の改造」は，リットの「文化教育学宣言」であると同時に，文字通り彼の「教育学宣言」そのものとなった[6]。これ以降，いわゆるヴァイマル期において一気に開

Kleine pädagogische Schriften 1918-1926 von Theodor Litt, hrsg.von Friedhelm Nicolin, Bad Heilbrunn 1965, S.7.

　4)　ibid., S.11.

　5)　Luise Räuchle: Geisteswissenschaft als Realwissenschaft.Zum Problem des dialektischen Prinzips im Frühwerk Theodor Litts, München 1982, S.2.

　6)　リット教育学の成立の詳細については，次の拙論を参照されたい。宮野安治著「リット教育学の成立について」大阪教育大学教育学教室『教育学論集』第22号，1993年9月，

花するリットの思想は,「文化哲学・文化教育学」という枠組みにおいて展開されることになる。そして,こうした「文化哲学・文化教育学」という枠組みにおいて,「政治教育」にかかわってリットに立ち現れた問題の一つが,「ナショナリズム」であったのである。

第2節 「ナショナリズム」対「インターナショナリズム」

ナショナリズム研究の第一人者であったハンス・コーン（Hans Kohn）は,1968年に次のように書いた。

> ナショナリズムは,18世紀後期以来,西ヨーロッパと西半球において,政治,文化,経済の領域での推進理念であった。ナショナリズムは1848年には中欧に,19世紀後期には東欧とアジアに,そして最後に20世紀半ばに,アフリカへと拡大した。……20世紀の3分の2を経た現在,パン・ナショナリズムの時代を語ることができる。ナショナリズムは現代の最も有力な中心的理念の一つとなったのである[7]。

この「パン・ナショナリズム」という時代規定は,20世紀を経た今日においてもそのまま妥当するように思われる。否,それどころか,グローバル化とは裏腹に,以前にもまして世界各地で民族対立が激化し,ナショナリズムが高揚している現状を考えるならば,時代はある意味でますますもって「パン・ナショナリズム」の様相を帯びつつあるといえるだろう。

が,一口に「ナショナリズム」といっても,ナショナリズムについては,「この概念を一義的に定めることは,たんに言語学的な見地からしてもかなり困難である」[8]とされ,そのために,ナショナリズムの規定

23-32頁。
　7) ハンス・コーン著,木村靖二訳「ナショナリズム」A．P．ダントレーヴ他著,佐々木毅他訳『国家への視座』平凡社,1988年,123頁。
　8) 橋川文三著『ナショナリズム』紀伊國屋書店,2005年,11頁。

は多様を極め，またそれについての評価も時代や状況によって千差万別である。あるいは，むしろ次のようにいってよいかもしれない。

> ナショナリズムは本来きわめてエモーショナルでかつ弾力的な概念であるため抽象的に定義することは困難である。それは民族主義，国民主義，国家主義というように種々に訳されて，それぞれある程度正当なしかし何れも一面的な訳語とされているところにも反映している。ナショナリズムは歴史的状況に応じてあるいは憧憬ないし鼓舞の感情を，あるいは憎悪ないし嫌悪の感情をよびおこす。同じ概念のもとに一方では自由と独立が，他方では抑圧と侵略が意味されている。これは決してたんなる用語の恣意的な濫用ではなく，むしろそうした用語の混乱自体のうちに，近代の世界史の政治的単位をなしてきた民族国家（あるいは国民国家）nation state の多様な歴史的足跡が刻印されている[9]。

ともあれ，近代における nation state の成立・発展は，ナショナリズムの台頭と昂進を招来することになったわけであるが，だが他方では，偏狭な nation state の枠組みを突破するために，「インターナショナリズム」がアンチテーゼとしてナショナリズムに対抗してきたことも看過されてはならない。むろん，このインターナショナリズムも，ナショナリズム同様に，その現象形態は多様であり，それについての評価も時代や状況に応じて決して一律ではないし，「ナショナリズム」との関係についても見解は一様ではない。しかしいずれにしても，「ナショナリズム」問題の奥行きと重みは，「インターナショナリズム」との相剋においてはじめてはかられるといえよう。そして，こうした「ナショナリズム」と「インターナショナリズム」との対立がある意味で範例的に現出したのが，第 1 次世界大戦後のヴァイマル期のドイツだったのである。

ところで，周知のように，第 1 次世界大戦においてドイツは敗戦を喫し，いわゆる「ヴァイマル共和国」の誕生を見るのであるが，この新しい政治体制もすでにその最初から，左右両派の抗争等のために波乱含み

---

9) 丸山真男著「ナショナリズム・軍国主義・ファシズム」『現代政治の思想と行動』未来社，1964 年，273-274 頁。

第 2 節 「ナショナリズム」対「インターナショナリズム」　　　17

であった。敗戦直後は，たとえ一時期であれ，バイエルンでレーテ共和国が成立する等，ドイツ国内は革命的雰囲気に溢れ，戦争を招き，これを駆り立てたナショナリズムは厳しい糾弾にさらされ，国際的協調の精神が行き渡るかのようであった。が，1919 年 6 月に調印されたヴェルサイユ条約は，ドイツにとって極めて苛酷な内容であったがために，その屈辱感はナショナリズムの再燃を煽るに及んだ。同年の 8 月に発効した新憲法，いわゆる「ヴァイマル憲法」の第 148 条においては，「すべての学校にあっては，道徳的陶冶，公民的志操，人格的および職業的能力が，ドイツ国民性と国際協調の精神において，獲得されるように努められなければならない」として，表面的には「ドイツ国民性」（das deutsche Volkstum）と「国際協調」（Völkerversöhnung）の両精神を等しく掲げることにより，「一致不可能な対立」を和解させようとしたが[10]，「国際協調」が条文に取り入れられたのは，戦勝国に対する政治的配慮に基づく「つりあい上」からで，その精神の声はかき消されがちであった[11]。いずれにせよ当時のドイツは，ナショナリズムが息を吹き返す中，「ドイツ国民性」の精神を強調するナショナリズムと「国際協調」の精神を強調するインターナショナリズムの両運動の対立が激化の状態にあったのである[12]。そして，リットの『ナショナルな教育とインターナショナリズム』（1920 年）は，このような「高ぶった政治的興奮」[13]の状況下において筆が執られたのである。

　この書の冒頭でリットは，ナショナリズムおよびインターナショナリズムに対していかなる態度をとるべきかの問題は，今日教育学にとって避けて通ることができない切迫した問題であるとし，この両者の対立を

　　10）　Wolfgang Sander: Zur Geschichte und Theorie der politischen Bildung, Marburg 1989, S.55.

　　11）　藤沢法暎著『現代ドイツ政治教育史』新評論，1978 年，82-84 頁。

　　12）　この時期におけるインターナショナリズムの代表的なものとしては，社会主義やウィルソンの国際連盟構想等のそれを挙げることができるが，ナショナリズムについては，「反共和国」「反民主主義」という点で一致していたとはいえ，極めて様々なグループがこれを掲げ，詳細に見れば，その性格や度合いもかなり違っている。なお，ヴァイマル期のナショナリズムについては，たとえば，K．ゾントハイマー著，河島幸夫／脇圭平訳『ワイマール共和国の政治思想――ドイツ・ナショナリズムの反民主主義思想』ミネルヴァ書房，1976 年参照。

　　13）　Theodor Litt: Nationale Erziehung und Internationalismus, Berlin 1920, S.34.

次のように具体的に描出している。

　……われわれは今や一方で，あらゆる側面でナショナルなものが，文化的に遅れた，軍国主義や国粋主義にすっかりつかった時代の遺物として決然と振り払われ，文化世界全体が，あらゆるナショナルな特殊性を後回しにする，それどころか解消する世界市民主義の思想へと転向する場合にのみ，苦痛に満ちた人類に救済と解脱を約束できると考える人々のグループを見る。これらのグループに対立するのが，ナショナルな特性や自己貫徹への限りない信奉以外に，わが民族にとって，道徳的な浄化や確立への，内的および外的繁栄へのいかなる他の道も見ないし，文化的な性質のものであれ，組織的な性質のものであれ，超ナショナルな共同性という考えには，このナショナルな精神態度の宿命的な弱さを見るだけの人々の範囲である。両グループは，その上に，紛うことのない事実の指摘によって，対立している信念を打ち倒すことができるものと思っている。すなわち，世界市民主義の代表者は，ナショナルな思想の中に，文化世界を襲っているあらゆる筆舌に尽くしがたい困窮の根，とりわけドイツ崩壊の根に出会うと思っている。ナショナルな思想の根絶によってのみ同じ破局の反復が防止されうる，と彼らは考える。純粋にナショナルな立場の賛同者は，民族の調停に向けられたあらゆる努力の断念，とりわけ，あらゆるこれらの考えを嘲るドイツの処理を指摘する。それどころか，彼らは，民族の闘争に，世界史的過程の破棄できない必然性のみならず，最高に人間的な徳のつねに望ましい学校を見るのである[14]。

　リットによれば，ナショナリズムおよびインターナショナリズムのそれぞれの信念においては，「存在把握と当為規定」「現実解釈と価値評価」が相互に支え合っており，そこでは「知的契機」と同時に「感情的契機」が支配している。すなわち，インターナショナリストは，ナショナリズムを時代遅れと見なし，そこに「ドイツ崩壊の根」，つまりドイ

---

[14] ibid., S.4f.

ツ敗戦の原因を求め，ナショナリズムの根絶によってのみ同じ破局が防止されると考えるが，これに対してナショナリストは，「ドイツの処理」，つまりヴェルサイユ条約によるドイツの処理を持ち出し，ナショナルなものの再興にドイツの「内的および外的繁栄」への道を見いだそうとしている。したがって，両信念が価値的および感情的に反発し合っている以上，その対立の根は深く，これを純粋に理論的な論争問題として解決することは困難である。しかしリットは，問題が非合理的な側面を含むとはいえ，その論議は理論的になされなければならないとして，それぞれの信念および両者の関係について論理的解明を試みることによって，「ナショナリズム対インターナショナリズム」というすぐれて弁証法的な問題に対してある種の解決を提示しようとするのである。

この『ナショナルな教育とインターナショナリズム』という書は，リットの著作の中でも，これまでほとんど取り上げられることがなかったが，彼が「ナショナリズム」問題そのものを直接テーマとして論じた唯一のものであると同時に，「第1次世界大戦の破局後の状況分析と自己確信をめぐるリットの努力」[15]を如実に示しており，ヴァイマル期の彼の政治思想あるいは政治教育思想を窺う上でも極めて興味深いものといえるので，次においてその内容を少し詳しく紹介し，検討することにしたい。

第3節 「交差」原理と共和国擁護の立場

さて，この書におけるリットの議論は，かなり抽象的で込み入っているが，その根底にあるのは，「自然科学」と「文化科学」との二元論的区別であり，ナショナリズムとインターナショナリズムとの対立をめぐる問題を自然科学的な思考法によってではなく，文化科学的な思考法によって究明しようとする方法論的態度である。このことは，教育学を文化哲学によって根拠づけられた文化科学的な学，つまり文化教育学として構築しようとする，この時期の彼の学的立場に当然呼応している。こ

---

15) Wolfgang Klafki: Die Pädagogik Theodor Litts, S.231f.

うした方法論的態度から，まずリットは，ナショナリストのいう「ドイツ人」(Deutscher) という概念，インターナショナリストのいう「人間」(Mensch) あるいは「人類」(Menschheit) という概念が，決して「自然科学的概念」ではなく，「文化科学的概念」であることを強調するのである。

　では，「自然科学的概念」と「文化科学的概念」とはいかに相違するのか。リットに従えば，自然科学的な概念形成の場合には，現実に存在する一致点を見いだすのみで，そこでは価値評価は排除されている。没価値ということが，自然科学的な概念形成の本質をなしている。これに対して，たとえば「ドイツ人」といったような概念には，没価値的な自然科学的概念の場合とは違って，最初から一定の「価値」が込められている。したがって，こうした文化科学的概念は，「それ自身最初から価値に関係づけられ，価値に導かれた概念形成の形式」によって獲得されなければならない。そして，この価値の強調ゆえに，ナショナリストは「ドイツ人」概念を，インターナショナリストは「人間」概念を高唱し，ナショナリズムの教育はドイツ人的側面を，インターナショナリズムの教育は人類的側面を青少年において発達させ，他方の側面を押さえるべきだとするのであって，ここに「ドイツ人」と「人間」とが決定的に反目し合うことになる。しかし問題は，果たしてこのように両者を対立させることが正当であるかどうかということである。

　ところで，文化科学的概念において問題となる価値，つまり「文化価値」は，自然科学的概念のメルクマールのように，現実の客体にあらかじめ付着しているのではなくて，「内的存在」である人間の主体的な創造によって生み出されるものである。このゆえに，文化科学的な概念形成においては，内的存在の主体的な価値創造という「生きた過程」が重要な構成要素をなすことになるが，こうした「生きた過程」は，まず何よりも個人において経過する。しかし，個人はつねにある特定の文化共同体に組み入れられており，したがって，個人が創造するものは，決して個人的なものではなく，個人が帰属している文化共同体の精神の濃縮物にほかならない。だが，個人と共同体との関係は，断じて一方的ではない。他方では，文化共同体の全体連関は，個人的な文化主体の創造活動によってはじめて成立しうるのである。

第3節 「交差」原理と共和国擁護の立場　　　21

　このように，価値創造ということを通して，個人と共同体とは，相互に制約し合い，いわば「交差」（Verschränkung）の関係に置かれている。だから，たとえば私がドイツ人であるのは，すでに存在している固定化されたメルクマールによってではなく，私が具体的個人として，ドイツ文化から制約されつつも，同時にドイツ文化を制約することによってこの文化に接合されているからで，そのかぎりにおいて，ア・プリオリな意味で「ドイツ人」なるものは存在しない。けれども他面では，私は人類の一員でもあり，人類文化によって規定されつつも，人類文化を逆に規定している。個人と特定の文化共同体との間に支配していた「交差」関係が，個人と人類との間にも見いだされるわけである。だとすれば，同じ個人が，一方では国民文化に，他方では人類文化に，それら文化を制約しつつ，組み入れられるということになるが，この2つの結合はいかなる関係にあるのか。もし，2つの結合が折り合わずに分裂するならば，ナショナルなものとインターナショナルなものとを判然と分かち，両者を対立させることは正当化されることになろう。

　が，リットの見るところによれば，文化的世界においては「交差」の原理が広く支配しており，この原理は，当然のことながら，国民文化と人類文化との関係にも及んでいる。つまり，各国民文化は人類文化によって限定されつつも，人類文化を限定し，また，人類文化は国民文化を限定しつつも，国民文化によって限定されているのであって，このような「交差」関係において一つの全体を形成しているのである。したがって，「個人」「国民」「人類」という3つの統一体は，全体的に極めて複雑な「段階構造」をなしていることになり，ゆえに，密接に結合している3者を切断・分離し，それぞれを孤立させ，それらの1つのみを，あるいはそれらの内の1つの関係のみを強調することは誤っているといわなければならない。

　　　……同じ人格は……国民という全体と同時に文化人類という全体に……組み込まれ，受け取りつつ与えながら結びつけられうる。というのも，これらの2つの全体性は，分離された特殊形成物としてバラバラなのではなく，同じく相互的な交差において絡み合っており，それどころか，このような交差によってのみそれらがあるとこ

ろのものであるからである。……したがって，同じ存在が，あるときは具体的な個別人格であり，あるときはドイツ人であり，またあるときは人間であるというのではなく，あらゆるこれらのものは一つのものにおいてあり，この具体的全体をその生成と作用の条件や連関において見ようとする欲求だけが，この具体的全体をこれら様々な考察の視点のもとに置くにいたるのである[16]。

ナショナルな文化価値と人類的な文化価値とは，ただ互いとともにかつ互いを通してのみ存立しうるので，互いに反目させられてはならないのである[17]。

かくして，ナショナルなものとインターナショナルなものとが密接に結合していることが理論的に明らかになったわけであるが，けれども，ナショナリズムとインターナショナリズムとの対立を深刻なものにしているのは，知的な動機よりも，むしろ「感情や意欲の動機」である。ここに，先にも触れたように，この対立の問題が単に合理的な論議によってだけでは解決しえない理由が存する。もっとも，これら両信念が純粋に精神的・文化的領域で作用を及ぼすかぎり，その弊害はそれほど致命的ではない。だが，これら信念がこと政治的領域で横行することになると，事情は全く違ってくる。というのも，精神的・文化的領域では，前述の「交差」原理が自発的に働くことによって，対立は目的論的に調停されうるが，これに反して，政治的領域においては，「可視的現実の財」が問題であり，他方が失うほど一方が得ることになり，自発的な調和的調整は不可能に思われるからである。しかも，政治的領域における対立が精神的・文化的領域に持ち込まれることによって，対立は一層峻厳な様相を呈してくる。

しかしながら，極端なナショナリズムや極端なインターナショナリズムは，「精神の創造的生命に貧困化や麻痺や無気力をもたらす政治的現実」を招来するしかない。

---

16) Theodor Litt: Nationale Erziehung und Internationalismus, S.24f.
17) ibid., S.25.

第 3 節 「交差」原理と共和国擁護の立場　　　　　　　23

　ナショナリズムの原理は，政治的に翻訳すれば，その結果をわれわれが身震いして体験したところの状態の承認，それどころか永久化を意味する。すなわち，活動へと殺到する精神の原動力を喜ばしく活発にしない，政治的世界の不断の緊張状態であり，われわれの文化世界の物理的ならびに精神的－道徳的実存にとって等しく破滅的たらざるをえない一連の殺人的戦争である。逆に，無条件のインターナショナリズムの理念は，行為の原則へと高められれば，それが独特の存在の権利を否定する国民において，自分の自己への意志を萎えさせ，そのことによって，世界の諸民族の雑踏の中で自分の場とそれとともに自分の特別な文化使命の実現のための空間を確信するのを国民にできないようにし，そのようにして精神の宇宙を，国民においてかつ国民においてのみ具現化される文化価値の分だけ貧しくならしめる[18]。

　すでに示されたように，国民と人類とは独特に交差しているのであって，この交差ゆえに，極端なナショナリズムも極端なインターナショナリズムも，結局のところは，みずからが批判するものだけではなく，みずからが擁護しようとするものをも破壊してしまう羽目に陥る。なぜなら，ナショナリズムは，みずからの国民は他の国民との連帯によってのみ生きることができるのに，この連帯を拒否することによって，みずからの国民から生命を奪うからであり，インターナショナリズムは，人類はそれ自身独自で多様な諸国民より成り立つのに，この独自性を否定することによって，人類そのものの発展を阻止するからである。
　それでは，対立はいかにして解決されるのか。ここに，「権力と文化の弁証法」あるいは「政治と文化の弁証法」の問題が持ち上がるが[19]，リットは，解決は究極的には政治的領域を文化的領域の法則に自覚的に従わせることによって可能となる，と主張する。

　　……人間の意志に対して，次のことに関する決断が依然として残さ

───────
18)　ibid., S.30f.
19)　リットの「権力と文化の弁証法」あるいは「政治と文化の弁証法」については，Vgl.Josef Derbolav: Die Theorie der Politischen Bildung im Gesamtwerk Theodor Litts, S.21ff.

れている。すなわち，精神的世界の生活法則との和解を求めるために，そして，純粋に政治的な意志力の無制限の解放がこの精神的世界をいつも脅かすときに示す危険に対処するために，自分の権力衝動を抑制し，他者の生活権をも承認することを進んでする状態にあるのか，またどこまでそのような状態にあるのかというこのことである[20]。

　政治的領域では自発的な調停が不可能である以上，残された可能性は，文化的領域におけるような調停を意識的・自覚的に遂行するしかない。こうした「妥協の性格」をもった解決法は，リットにいわせれば，決して「軟弱な中立」ではなく，生そのものの「根源的統一」，換言すれば「あらゆる意欲や行為に先立つ結合状態」より由来するものである。そして，これとともに，教育がとらなければならない立場も明確になる。それは，ナショナリズムの狭さやインターナショナリズムの融合から解き放たれた，異質なものに対して寛容であると同時に，みずからの権利を主張することを目的とした教育の立場なのである。
　以上，『ナショナルな教育とインターナショナリズム』という書の内容を概観したのであるが，この書名からして，そこにある種の具体的な教育問題についての議論を期待するならば，肩透かしを食らうことになるだろう。リットのねらいは，具体的な教育問題について議論するのではなく，あくまでその哲学的前提を解明することに置かれている。もっとも，そのための思想的基盤は，すでに『歴史と生』や『個人と共同体』といった著書において据えられており，逆にいえば，いわば一つの応用問題としてこの書が書かれたわけである[21]。ともあれ，こうした解明を通して，根本的には，彼はナショナルなものとインターナショナルなものとのいわば「相互性」を明らかにし，ナショナリズムとインター

---

　20) Theodor Litt: Nationale Erziehung und Internationalismus, S.32.
　21) Vgl.Theodor Litt: Geschichte und Leben. Derselbe: Individuum und Gemeinschaft, Leipzig/Berlin 1919．これらの書では，「個人」「家族」「民族」「国家」「国家社会」「人類」等といった諸々の「生の統一体」が，その独自構造において解明されるとともに，それらがその共属性によって一つの全体をなしていることが示されている。なお，両書はいずれも2回にわたって改訂され，特に『個人と共同体』は第2版で大幅に内容が書き改められることになるが，ここではそれぞれの初版が問題である。

第3節 「交差」原理と共和国擁護の立場

ナショナリズムの双方を批判しようとしたのである。とはいっても，彼はナショナルなものあるいはインターナショナルなものを全く認めないというのではない。彼が批判しようとしたのは，両者の「相互性」を否認する極端なナショナリズムであり，極端なインターナショナリズムなのである。恐らく，このような「相互性」という視点は，「パン・ナショナリズム」の時代でもある今日においても，ある意味で重要であると思われるし，そこにリットのこの書の普遍的な意義を求めることもできよう。

しかしながら，他面この書の意義というものは，この書を当時の具体的状況に置いてみることによってはじめて明らかになってくるとも考えられる。それに際して，特に浮かび上がってくるのが，当時におけるナショナリズムの再燃という事態である。すでに触れたように，ナショナリズムと一概にいっても玉虫色であって，歴史的状況に応じて，「自由と独立」を意味することもあるし，また「抑圧と侵略」を意味することもありうる。それなら，この期のドイツにおけるナショナリズムは一体どのような性格のものであったのか。その結末が示しているように，それが表看板は「自由と独立」であっても，その実は「抑圧と侵略」の性格を有していたのは明らかである。こうしたことを念頭に置くならば，ナショナリズムとインターナショナリズムの両方が批判されているとはいえ，この書の意義は，そのナショナリズム批判，ことに政治的なナショナリズムに対するその批判に求められるべきであろう。「われわれの文化世界の物理的ならびに精神的‐道徳的実存にとって等しく破滅的たらざるをえない一連の殺人的戦争」を意味するとして，政治的ナショナリズムを弾劾するリットの激しい口調に，ある意味でこの書の意義が典型的に示されていると見ることができるのである。

ヴァイマル期におけるリットは，政治的には，左右両派の中間に位置するところから，トレルチやマイネッケ（Friedrich Meinecke）等と同様に，「理性的共和主義者」（Vernunftrepublikaner）のグループに編入されたりしてきた[22]。この場合，「理性的共和主義者」というのは，こと

---

22) Vgl.Wolfgang Klafki: Theodor Litts Stellung zur Weimarer Republik und seine Auseinandersetzung mit dem Nationalsozialismus（1967）,jetzt in: Aspekte kritisch‐konstruktiver Erziehungswissenschaft, Weinheim 1976, S.222ff. Derselbe: Die Pädagogik Theodor

ばそのものは，ピーター・ゲイ（Peter Gay）が注記するところによると，「シュトレーゼマンと同じドイツ人民党のメンバーであったヴィルヘルム・カール教授によってつくられたと思われる」[23]とのことであるが，一般的には，ヴァイマル共和国の誕生を心から願っていたわけではないものの，共和国への移行を必然的と見なし，理性の要求に従って共和国を擁護しようとした人々を指している。ピーター・ゲイ自身は，この「理性的共和主義者」について，次のように説明している。

> ワイマールには，ナチスを憎んでいたが共和国を愛していなかった人たち——大学教授，産業家，政治家といった人たちが何千といた。これらの人々は，高い教育を受け，知性があり，帝政の価値を民主主義という疑わしい施し物と交換するのをためらっていたが，その多くは，自分たちの葛藤から麻痺状態に陥り，ワイマール時代を通じて，断続的な行動によって中断されはしたものの，公的には名誉ある無気力を通し続けた。彼らは，共和国と共存することを学び，その到来を歴史的必然と判断し，その指導者たちの一部を尊敬したが，決して共和国を愛そうとはしなかったし，その未来を信じてもいなかった。彼らは，情熱的な信念からではなく知的な選択から共和主義者になったという意味で，「理性的共和主義者」と呼ばれるようになった[24]。

その多くは元来「心情的君主制主義者」（Herzensmonarchist）であった「理性的共和主義者」と呼ばれた人々が，社会民主主義者のように，共和国を社会主義国家の誕生として熱烈に歓迎することはなかったかもしれないが，共和国を根底から否定する極左極右主義者とは違って，共

Litts, S.16ff. Josef Derbolav: Die Theorie der Politischen Bildung im Gesamtwerk Theodor Litts, S.40f.

23) ピーター・ゲイ著，亀嶋庸一訳『ワイマール文化』みすず書房，1970年，原注3頁。

24) 同書，27頁。なお，「理性的共和主義者」については，ピーター・ゲイのこの書以外に，次の書が参考になる。脇圭平著『知識人と政治』岩波新書，1973年，120-141頁。平井正／岩村行雄／木村靖二著『ワイマール文化』有斐閣，1987年，164-166頁。宮田光雄編『ヴァイマル共和国の政治思想』創文社，1988年，27-57頁。

和国およびその憲法体制をあくまで支持し，擁護しようとしたことには間違いない。それどころか，その中には，シュトレーゼマン（Gustav Streasemann）のように，共和国のために粉骨砕身して尽力した人も，トーマス・マン（Thomas Mann）のように，共和国に対する信仰告白を行った人もいた[25]。トレルチやマイネッケの場合も，いわゆる「ヴァイマル連合」（Weimarer Koalition）の一角を形成していた「ドイツ民主党」（Deutsche Demokratische Partei）と深いかかわりをもち，共和国擁護のための活動を積極的に展開した[26]。

これに対して，リットの場合は，立場的にはとりわけトレルチに近かったと思われるのであるが，同じように「理性的共和主義者」とするにしても，ある種の党派的中立性を守るところから，積極的な政治活動を展開することはなかった。それにまた，「民主主義」そのものに対する認識もまだこの段階では十分に成熟していないと見てよい。

> ヴァイマル期のリットの政治的立場も，憲法に忠実で「理性的共和主義者的」として見なされうる。もちろんリットは，1918年以後，ヴァイマル憲法を遵守的に尊重することを越えて，みずからの政治的行為によって，また公の政治的な立場によって，たとえば「ヴァイマル連合」の諸政党への公然たる加入によって，積極的かつ具体的にヴァイマル共和国のために，それとともに民主主義のために活動した，かの少数のドイツの知識人，特にドイツの大学教師のグループには加わらなかった。1945年以後はじめてリットは，紛れもなく，そして幅広い参加活動によって，積極的に民主主義のため

---

[25] 第1次世界大戦中に書かれた『非政治的人間の考察』（Betrachtungen eines Unpolitischen）において，ある意味で「民主主義」を拒否したトーマス・マンは，ハウプトマン（Gerhart Hauptmann）の60歳の誕生日を祝した講演で，共和国擁護の心情を吐露し，共和国に対する信仰告白を行った（トーマス・マン著，青木順三訳「ドイツ共和国について」『講演集　ドイツとドイツ人　他五篇』岩波文庫，1990年，39-105頁参照）。そして，ヴァイマル共和国そのものを小説化したのが，代表作『魔の山』（Zauberberg）であるといわれたりしている。

[26] マックス・ヴェーバー，トレルチ，マイネッケ，プロイス（Hugo Preuß），ナウマン（Friedrich Naumann），ホイス（Theodor Heuss）等といった錚々たる知識人を擁していたこの「ドイツ民主党」については，たとえば，ブルース・B・フライ著，関口宏道訳『ヴァイマール共和国における自由民主主義者の群像』太陽出版，1987年参照。

に尽力したのである[27]。

　この点で，クラフキは，リットの「理性的共和主義者」は「ある種の制限付き」だとするのであるが[28]，そうだとしても，リットにとっては，ヴァイマル共和国の政治体制は承認されなければならず，したがって，この政治体制を拒否し，場合によっては過去へと逆行しようとするナショナリズムは根本的に否定されなければならないものであった。そうした意味で，『ナショナルな教育とインターナショナリズム』というこの書においては，ヴァイマル期におけるリットの政治的立場が明確に示されているといえるのである。

第4節　「文化科」問題と「ドイツ科」批判

　すでに指摘したように，『ナショナルな教育とインターナショナリズム』では教育問題が具体的に取り上げられているわけではなかった。しかしながら，ここで獲得された「ナショナルな教育」に関するリットの根本見解は，その後の文化教育学の展開の中で具体化されることになる。この点で特に着目されるのが，1926年に書かれた「文化科教授原理論」（Gedanken zum kulturkundlichen Unterrichtsprinzip）と題された論文であろう。すなわち，この論文において，彼はドイツ・ナショナリズムを背景にした「文化科」（Kulturkunde）なるものを取り上げ，これを厳しく批判したのである。

　このリットの批判に立ち入る前に，「文化科」についての説明が必要であろう[29]。そもそも国民文化をカリキュラム編成の中心原理とする「文化科的」発想は，ドイツ教育界において以前から存在していたが，こう

　27）　Wolfgang Klafki: Die Pädagogik Theodor Litts, S.16.

　28）　Wolfgang Klafki: Theodor Litts Stellung zur Weimarer Republik und seine Auseinandersetzung mit dem Nationalsozialismus, S.223.

　29）　Vgl.Fritz Blättner: Das Gymnasium, Heidelberg 1960, S.259ff. わが国で「文化科」を取り上げたものとしては，かなり以前のものになるが，次のものが代表的である。田花為雄著『西洋教育史研究』新思潮社，1955年，297-338頁。また，望田幸男／田村栄子著『ハーケンクロイツに生きる若きエリートたち』有斐閣，1990年，93-95頁参照。

第4節　「文化科」問題と「ドイツ科」批判

した傾向は，敗戦の結果改めて自他民族の文化の意義を問われるようになったヴァイマル期により強いものとなった。そして，こうした傾向がとりわけ顕著に現れたのが，この時期の特にプロイセンの中等教育改革においてである。この中等教育改革に際して中心的な役割を演じたのは，1923年以来プロイセン文部省の「参事官」(Ministerialrat) の任にあったリッヒャート (Hans Richert) であって，彼はかねてより多様な中等教育機関における陶冶を「ドイツ精神」のもとに統一すべきことを主張していた。この彼の主張は，彼みずからの手になる24年の「プロイセン中等学校制度の新秩序」(Die Neuordnung des preußischen höheren Schulwesens)，およびこれに基づいた翌25年の「プロイセン中等学校の学習指導要領」(Richtlinien für die Lehrpläne der höheren Schule Preußens) によって具体的に実現を見ることになる。

　こうした改革において，カリキュラム面では，ドイツ語，歴史，地理，芸術，宗教を「中心教科」(Kernfächer) とすることが定められ，これに「文化科」という名称が正式に与えられるとともに，従来までの「ギムナジウム」(Gymnasium)，「実科ギムナジウム」(Realgymnasium)，「上級実科学校」(Oberrealschule) に新たに創設された「ドイツ上級学校」(Deutsche Oberschule) を加えいずれの学校にあっても，それら類型の独自性をもちろん保持しつつも，究極的には「文化科」原理によってその教育内容を有機的に統一するという方向が打ち出された。この場合いうところの「文化科」は，決してある特定の教科を指すのではなく，あくまで教授上の原理を意味しており（したがって，現実的に「文化科」という教科が存在するのではなく，存在するのは「文化科的諸教科」である），これを外国の文化に関係させた場合には「外国科」(Auslandkunde)，ドイツ文化に関係させた場合には「ドイツ科」(Deutschkunde) と称される。しかし，そのねらいが「ドイツ精神」による「ドイツ的人間」の形成に存したことからすれば，そこでの強調点が「ドイツ科」にあったことはいうまでもない。ここに中等教育におけるドイツ・ナショナリズムの蘇生をはっきりと認めることができる。ともあれ，このような「文化科」登場という新たな事態の中で，またそれをめぐって賛否両論が白熱する中で，リットの上記論文は書かれたわけである。

さて，この論文でのリットの文化科批判は，個別的には多岐にわたっているものの，根本的には，本来は自然科学的・技術的なカテゴリーである「手段－目的」図式が文化科においては文化的現実に適用されているという点に向けられている。先程の『ナショナルな教育とインターナショナリズム』の場合と同様に，ここでも自然科学と文化科学の二元論が繰り返され，問題が文化教育学的視座から考察されるわけである。そこで，たとえばナショナリズムとの関係で問題となってくるのが，文化科で他民族の文化が自民族の文化の「引き立て役」(Folie) として手段化されているという側面である。

　　われわれ自身が一員として属しているのではないような民族や文化の心的全体構造に，われわれがそのように立ち入って専念するのは，そのような全体構造がわれわれにとってそれ自身極めて興味深く，知るに値するように思われるからではなく，われわれがそれら民族や文化との比較によって——自分の心的構造を把握することができるので，そのためにのみ，われわれはこの構造に精通しようとする。なぜならば，違った性質をしたものとの比較によってのみ，心的全体状態の特徴が対象的に明瞭となるからである。したがって，われわれはそれら民族や文化をコントラスト効果のために求める。つまり，われわれはそれら民族や文化をわれわれ自身の本質のための背景として，換言すれば引き立て役として求めるのである[30]。

　他民族の文化が「引き立て役」とされることによって，「文化科思想が「ドイツ科」理念へと注ぐ場」が達成されるが，リットの考えでは，こうした行き方は到底支持されることはできない。なぜならば，「他者の魂の構造を，自己認識という「目的」に奉仕する単なる「手段」と見なす者は，この目的を絶対確実に逸するだろう」[31]からである。このことは，個人間の関係においても，民族間の関係においても明らかであ

---

　30) Theodor Litt: Gedanken zum kulturkundlichen Unterrichtsprinzip, in: Möglichkeiten und Grenzen der Pädagogik, S.163f.
　31) ibid., S.164f.

る。すなわち，他者の魂をただ自分自身の引き立て役としてのみ研究する者は，決して他者の魂の深層に立ち入ることはできないのであって，そうではなく，他者の魂をそれ自身価値があるものと見なし，没我的にそれに没入することによってのみ，他者の魂の秘密も開け，はたまた逆に自分自身の魂も解明されるのである。

　外国文化の魂は，自分を，つまり自分の本質認識を横目で見ることをすべてやめるほどに，その外国文化とともに，かつその外国文化の中で生きる用意ができている者にのみ透明となる[32]。

　だが，「手段－目的」図式がより危険なのは，それが認識的次元を越えて，道徳的・価値的次元にまで適用される場合である。というのも，他者を自己認識の引き立て役に下落させることは，結局のところは，他者を価値的に低く評価し，それに反比例して自分を優越させ，つまりは独善に通じることになるからである。この点に関してリットは，次のように断じ，文化科がドイツ民族の誤った優越意識を助長する危険性をもっていることに警告を発する。

　個人ならびに国民の生活において，平和な時代にあっても，またとりわけ危機の時代にあっても，どれほど多数の犠牲が独善のデーモンに……供されるかを詳述する必要はない。私は，この広範囲にわたる傾向に，こうした自己優越の近くから少なくとも決定的に十分に離れてはいない文化科説によって糧を与えるのは，全く由々しいことだと思う[33]。

　それゆえに，他民族の文化を青少年に精通させるのは，あくまでそれが固有の文化価値，そしてまた教育価値をそれ自身の内に有しているからであって，断じてドイツ人の自己認識のためであってはならないというわけである。

　しかしながら，文化科の究極のねらいは，「ドイツ的人間」について

---

[32]　ibid., S.165.
[33]　ibid., S.166.

の認識に基づいて「ドイツ的人間」を形成するところにある。ということは，認識はあくまで形成のための手段にすぎないということになり，ここにも同様に「手段－目的」図式が再現されている。けれども，人間の生は極めて多面的であり，無限の可能性を有しているがゆえ，ドイツ的人間についてのある特定イメージでもって青少年を形成することは許されない。これに際して，リットが特に問題ありとしているのが，ドイツ科において「闘争への意志」がドイツ的人間の本質特徴とされている点である。

> われわれが……ドイツ科思想宣言の中に，闘争への意志がドイツ人の心的構造の根本モティーフとして主張されているのを読むならば，そしてそこにさらに，「あらゆるドイツ人は根本的にはそれ（つまり闘争者）である」と書かれているのであれば，この短い文章でもって，われわれの国民同胞の中でまれでもなければ無価値でもない性質の者，つまり，とにもかくにも内的および外的な平和の雰囲気の中でのみ最善のものが現れるような者に対して，非ドイツ性の判定が下されている。なぜドイツ精神の王国で，「騎士や死や悪魔」の英雄的反抗と並んで，ルートヴィヒ・リヒターのような平和に満ちた守護神もその場をもつべきでないのか，私には全くわからない[34]。

「ドイツ的人間」という陶冶理想は，豊かなドイツ的生を切断して抽出されたものにすぎず，その実は平和的な心情の価値を軽視し，闘争者であることを個人に不当に要求するものにほかならないのである。かくしてリットは，「文化科」さらには「ドイツ科」に，共和国体制に敵対し，ふたたび戦争へと導く危険なナショナリズム的性格を看取しているわけである[35]。

---

34) ibid., S.171f.
35) リットの「ドイツ科」批判は『指導か放任か』（Führen oder Wachsenlassen）においても展開されている。Vgl.Theodor Litt: Führen oder Wachsenlassen（1927），13.Aufl. Stuttgart 1967, S.43. この書は1949年の第4版でかなりの加筆が施されるが，その段階でリットは次のように指摘している。「ドイツ科運動が手に入れようと努めたことを，「第三帝国」が，その独特の仕方で，そしてその独特の手段でもって成し遂げようとした。この場合には，「ドイ

第4節 「文化科」問題と「ドイツ科」批判　　　　　　　　33

　以上，リットがヴァイマル期の文化教育学の中で「ナショナリズム」問題をいかにとらえ，これに批判を加えているかを明らかにした。しかし現実的には，リットのような立場は，この時期にあって，とりわけ大学人・知識人の世界の中では，あくまで少数派にすぎなかった。リンガー（Fritz K.Ringer）は，1890年以降のドイツ知識人を類型的に，多数派である反近代的・反民主主義的な「正統派」と，少数派である進歩的・民主主義的な「近代派」とに区分し，リットを「近代派」に数え入れているが[36]，こうした「近代派」は，ヴァイマル期を通してアウトサイダーに甘んじなければならなかった。「即興の民主国家」[37]として誕生したヴァイマル共和国は，多くの大学人・知識人によって擁護されることはなく，それどころか，「1919年以降，ドイツの大学は，自らを共和国敵対者の牙城と理解していた」[38]。反民主主義的な勢力に支えられたナショナリズムは，政治的にも，教育的にも，その後ますます勢いを得て，周知のように，ついには共和国体制を突き崩すにいたるのである。そして，新たな局面のもとで，まさしく少数派として，リットはナショナリズム批判に再度取り組むことになる。すなわち，ナチズムとの対決においてである。

ツ的」人間，つまり「北ドイツ的」人間という永遠で不変的な根源形式が，偽科学的な方法（ローゼンベルク）で固定され，「訓練」によって実現されるべきプログラムとして命じられたのである」（ibid., S.132.）。

　36）フリッツ・K・リンガー著，西村稔訳『読書人の没落』名古屋大学出版会，1991年，275頁。
　37）E．コルブ著，柴田敬二訳『ワイマル共和国史』刀水書房，1987年，4頁。
　38）デートレフ・ポイカート著，小野清美／田村栄子／原田一美訳『ワイマル共和国』名古屋大学出版会，1993年，191頁。

第2章
ヴァイマル期の公民教育論

――――――

　ヴァイマル期のドイツにおいて,「公民教育」(staatsbürgerliche Erziehung) をめぐる問題は, 焦眉の教育課題の一つであったが, この期のリットにとっても, この問題は彼の政治教育理論の核心を形成していた。彼は, 公民教育の「哲学的基礎」を掘り下げ, 公民教育における「国家の理念と現実」の関係を究明しようとした。そこでは, 彼独自の国家観が展開されているとともに, ヴァイマル共和国に対する彼の態度が示されている。本章では, こうしたリットの公民教育論を取り上げ, その意義ならびに限界について明らかにすることにしたい。

第1節　ヴァイマル共和国における「公民教育」論議

　ドイツにおけるいわゆるヴァイマル共和国の誕生は, ドイツ国民に新しい教育的な課題, とりわけ政治教育的な課題を課することになった。たとえば, 1919年8月に発効した新憲法の第148条では, こうした新しい課題が次のように規定されている。

　　すべての学校にあっては, 道徳的陶冶, 公民的志操, 人格的および職業的能力が, ドイツ国民性と国際協調の精神において, 獲得されるように努められなければならない。公立学校における教授に際しては, 考えを異にする者の感情がそこなわれないことが, 配慮されなければならない。公民科と労作授業は, 学校の教科である。各生

徒は，就学義務の終了の際に，憲法の写しを受け取る。フォルクスシューレを含む国民教育制度は，ライヒ，ラントおよび地方公共団体がこれを助成すべきである[1]。

政治教育的に見るならば，この条項においては，「公民的志操」(staatsbürgerliche Gesinnung) が「ドイツ国民性と国際協調の精神」において獲得されなければならないこと，「公民科」(Staatsbürgerkunde) が学校の教科となること，義務教育を終える際に国民は憲法の写しを受け取ること等が定められている。要するに，たとえ一定の限界が見受けられるにせよ，共和国体制に見合った新しい「公民教育」の有り様が提起されているわけである。

このような課題を受けて，「公民教育」をめぐる問題がヴァイマル期の焦眉の教育問題の一つを形成することになるのだが，しかしその展開は，憲法の精神を擁護し，それを推進するという形で必ずしも進行しなかった。ヴァイマル期の「公民教育」論議の上でまず見落とすことができないのは，1920年の6月11日から19日にかけて開催されたかの「ライヒ学校会議」(Reichsschulkonferenz) である。ガウディヒ (Hugo Gaudig)，カルゼン (Fritz Karsen)，ケルシェンシュタイナー，ナトルプ (Paul Natorp)，ペーターゼン (Peter Petersen)，シュプランガー等といった錚々たる人々を集めたこのヴァイマル期最大の教育会議は，その委員会も17に及び，その内には「公民科」の委員会も含まれていた。それどころか，「公民科」問題は，同じく憲法の教育条項に直接かかわった「統一学校」問題や「教員養成」問題とともに，この会議の最重要関心事の一つであった。公民科問題を取り扱った第6委員会の報告者は，リュールマン (Paul Rühlmann) と法学者として名高いラートブルフ (Gustav Radbruch) であったが，彼ら両者はいずれも，「公民科は学校の教科である」とする憲法の規定に従って，民主主義浸透のための独立した教科としての公民科の設置を説いた。しかし，審議の結果採択された方向は，公民科を基本的には教授原理として性格づけ，独立した教科としてはあらゆる学校の最終学年でのみ実施するという，憲法の規

---

1) Wolfgang Sander: Zur Geschichte und Theorie der politischen Bildung, S.55.

第1節　ヴァイマル共和国における「公民教育」論議　　　　37

定からしてかなり後退したものであった[2]。しかも、こうした方向すら、ヴァイマル期を通して実現されることはなかったのである。

　憲法の精神からの遊離は、たとえば、1923年の6月8・9の両日に、ライヒ内務省があらゆる種類の学校の代表者を招集して開いた公民教育のための委員会の審議のまとめである「公民教授の形成のための指針」（Richtlinien für die Gestaltung des staatsbürgerlichen Unterrichts）にもこれを読み取ることができる。すなわち指針は、「公民科教授の基礎はドイツ国民性である」とし、「ドイツ国民性」とともに憲法において掲げられている「国際協調」には全く触れない有り様で、「公民科教授の課題および目標」についても、それが「ドイツの民族共同体や国家共同体への帰属から起こる公民の義務と権利を把握することを教え、これらの義務の履行のために、連帯感や責任意識や犠牲心を教育すること」にあるとして、ナショナリズム的性格を強めている。また、独立した教科としての公民科に関しては、フォルクスシューレの上級段階と職業学校および専門学校での設置を求めている程度で、原則的には、公民科はやはり教授原理として押さえられているのである[3]。要するに、指針全体は、民主主義の浸透という点でも、この浸透に資するべき独立した教科としての公民科の設置という点でも、消極的な姿勢に終始しているのである。そして、こうした傾向が、共和国体制の弱化の進行にともなって、ますます顕著になることはいうまでもない。あるいは、民主主義的な公民教育の不徹底が、ある意味では、ヴァイマル共和国の崩壊に一役買ったというべきであるかもしれない。

　ところで、ヴァイマル期のリットにとって、政治教育という点で最大の関心の対象であったのは、やはり「公民教育」の問題である。著作の上では、彼はすでに1919年に「公民教育」と題した小文を著しているが、彼の公民教育論を知る上で重要なのは、24年の「公民教育の哲学的基礎」と31年の「公民教育における国家の理念と現実」の2論文

　2）　Vgl.Die Reichsschulkonferenz 1920. Ihre Vorgeschichte und Vorbereitung und ihre Verhandlungen. Amtlicher Bericht, erstattet vom Reichsministerium des Innern, Leipzig 1921, S.743ff.

　3）　Vgl.Richtlinien für die Gestaltung des staatsbürgerlichen Unterrichts, jetzt in: Politische Bildung in der Weimarer Republik. Grundsatzreferate der »Staatsbürgerlichen Woche« 1923, hrsg. von Kurt Gerhard Fischer, Frankfurt am Main 1970, S.172ff.

であろう。彼は，一方では公民教育をめぐる当時の議論を念頭に置きながら，他方では『歴史と生』や『個人と共同体』において展開された彼独自の文化哲学に基づき，これらの論稿を通して，公民教育の原理的なベースについて，とりわけ「国家」の問題について究明しようとしたのである。

この内「公民教育の哲学的基礎」という論文は，1923年7月にベルリンの「教育中央研究所」(Zentralinstitut für Erziehung und Unterricht)が主催した「公民週間」(Staatsbürgerliche Woche)での講演が下地になっている。この「公民週間」の企画は，共和国体制を擁護する立場から民主主義的な公民教育の課題に取り組んだ数少ない試みの一つであって，その講演者と講演題目は次の通りである[4]。

- ラートブルフ「公民教授の課題」(Die Aufgaben des staatsbürgerlichen Unterrichts)
- リット「公民教育の哲学的基礎」(Die philosophischen Grundlagen der staatsbürgerlichen Erziehung)
- グアルディーニ (Romano Guardini)「政治陶冶論」(Gedanken über politische Bildung)
- ヒュラ (Erich Hylla)「公民教育の心理学的基礎」(Die psychologischen Grundlagen der staatsbürgerlichen Erziehung)
- ボイマー (Gertrud Bäumer)「ドイツにおける社会的階層分化」(Die soziale Schichtung in Deutschland)
- ホイス (Theodor Heuss)「政治的な理念と党派」(Politische Ideen und Parteien)
- ゲッツェ (Karl Götze)「フォルクスシューレにおける公民教育」(Staatsbürgerliche Erziehung in der Volksschule)
- ツィールトマン (Paul Ziertmann)「職業学校制度における公民科」(Staatsbürgerkunde im Berufsschulwesen)
- ヴェスターマン (Fritz Westermann)「手工教授と公民教育」(Werkunterricht und staatsbürgerliche Erziehung)

---

4) Vgl.Kurt Gerhard Fischer: Politische Bildung in der Weimarer Republik. Grundsatzreferate der »Staatsbürgerlichen Woche« 1923, S.42-171.

これら講演者は，その学問領域や活動領域において，また党派的あるいは宗教的立場において実に多彩ではあるが，いずれもが，むろん程度の差はあるとはいえ，少なくとも憲法の精神を遵守し，共和国体制を擁護しようとする立場にあったという点では共通している。リットがこれら講演者の一人として，しかも唯一の講壇教育学者として招かれたことは，この時期の彼の政治的立場が，たとえ「理性的共和主義者」としての限界はあるにしても，リベラルであったことを窺わせるものであろう。

　これに対して，「公民教育における国家の理念と現実」は，1930年10月にブレスラウで行われた講演に同じく基づいており，最初小冊子として刊行されたが，後に雑誌『教育』（Die Erziehung）に掲載されるようになったものである。時期的に見れば，「公民教育の哲学的基礎」はいわゆる「相対的安定期」（1924～29年）に入る時期に，この「公民教育における国家の理念と現実」は相対的安定期後の共和国の解体期に，それぞれ執筆されており，わずか7年の隔たりとはいえ，ヴァイマル期においてはこの隔たりはかなり大きいものではある。しかし，両論文におけるリットの立場には，よくもあしくも，根本的な変化はないと見てよい。いずれにせよ，これら両論文を通して，われわれはヴァイマル期のリットの政治教育思想の根幹に触れることができるのである。そこで，以下においては，これら両論文の内容を紹介し，検討することにしたい。

第2節　国家の本質と公民教育

　帝政から共和政への移行は，改めて「国家とは何か」という問いを提起することになったのであるが，「公民教育の哲学的基礎」でリットがまず問おうとしているのも，国家の本質への問いにほかならない。一般的に見れば，そもそも地上に根をもつ国家は，理念の世界に飛翔しうる学問や芸術や宗教とは違って，その暴力的な性格によって，しばしば文化に敵対し，文化を破壊すらするように思われる。

ここに，一体この国家とは何か，精神なのか反精神なのか，文化なのか不完全に馴らされた猛獣なのか，という気がかりな問いが発する。ここに，「政治と道徳」「国家と文化」「権力と法」という周知の二律背反の萌芽がある[5]。

もし国家が文化から切り離されて，これと決定的に対立するのであれば，国家を根本的に変革し，文化と一体化させるか，あるいは国家を廃絶するか，道はいずれしかない。前者の場合には，現にある国家が否定され，「完全な国家という理想」が実現されるとすれば，後者の場合には，国家一般が否定され，「国家なき社会という理想」が実現されることになる。しかしリットは，このように国家と文化とを切断的に対立させる見解に異を唱えるのである。

この反論は国家成立の必然性を明らかにすることによってなされる。この点においては，リットはいわゆる社会契約説に立つのであるが，それに際しては，リットにとっては，国家以前の「自然状態」は，ホッブズ的な闘争状態であって，そこでは「暴力」(Gewalt) が随所で行使され，無秩序が支配し，生活は生存闘争に明け暮れざるをえない。こうした状態に決着をつけるためには，分散した物理的暴力を特定の場に集中させ，政治的秩序を樹立する必要がある。そして，この新しい秩序状態こそが「国家」にほかならないのであって，したがって，国家においてはじめて人間は生存闘争から解放され，精神生活を営むことができるようになる。つまり，ここに「文化」が成立するのである。その点で，「文化」はその成立に関して「国家」に恩義があるわけで，このゆえに，「文化」を「国家」に対立させることは誤っているといわざるをえない。

こうして「学問」「芸術」「宗教」「道徳」等といった諸文化領域は国家によって保護され，そのかぎりにおいて，これら文化領域は国家に

---

5) Theodor Litt: Die philosophischen Grundlagen der staatsbürgerlichen Erziehung, in: Möglichkeiten und Grenzen der Pädagogik, S.63. 公民週間でのリットのこの講演は，翌年刊行された報告集（Staatsbürgerliche Erziehung, hrsg. von F.Lampe/G.H.Franke, Breslau 1924. この報告集を復刻し，それに序論等を加えたのが，前出のフィッシャー編の書である）に収められたが，その後『教育の可能性と限界』に再録するにあたって加筆された。しかし，オリジナルなテキストと加筆されたテキストとの間には，根本的な修正や変更はないと見てよい。引用は後者のテキストに拠った。

対して反旗を翻すことは，ましてや国家そのものを否定することはできないように思われる。ところが，これら文化領域の内「道徳」はあえて国家に立ち向かおうとする。というのも，道徳的理念に照らせば，国家の「暴力行使」は，たとえそれがいかに正当なものであろうとも，やはり認容できないからである。しかし，もし道徳が国家的暴力を否定し，国家がそれに従うなら，それは自然状態への逆戻りを招き，道徳自身の存立の条件を否定することになってしまうので，道徳はそこまで踏み込むことを断念せざるをえない。そうだとすれば，結局のところ道徳は国家に従属することになってしまうのか。ここでリットは「道徳」概念を「狭義」と「広義」に区別することによって，このアポリアを乗り越えようとする。すなわち，「狭義」の道徳，つまり「純粋に個人的な関係の道徳」は国家を裁くことはできないが，これに対して，国家と道徳との間の「二律背反の原則的な止揚不可能性」に本来の問題を見いだし，国家の暴力行使にも立ち入りうる「広義」の道徳というものの存在が可能であり，この道徳によって国家は道徳化され，精神化されるとするのである。そして，彼はこうした「国家の道徳」の理念を「法」（Recht）理念に求める。

　　法とその執行において，国家の生活形式と，国家の保護のもとに強化された道徳思想とが出会う——しかも，その際，国家が自分自身を破棄する必要もなければ，道徳が暴力の味方へと自分を引き下げる必要もなく，そうした出会いが生じる[6]。

だが，法において国家が道徳化されるにしても，暴力の問題は依然として残る。

　　暴力は，法に仕えて，精神的財世界の保持のために行使されるところでも，危険で誘惑の多い両義性を有した行為であって，それを使う者をつねに新たに，もはや精神には仕えない衝動性への転落でもって脅かしている[7]。

---

6) ibid., S.76.
7) ibid., S.79.

したがって，暴力排除に努める「道徳」と暴力の濫用の危険にさらされている「国家」との間には，解消できない二律背反が存在することになる。個人的道徳と国家の道徳とをひとまとめにして，一なる原理に基づいた完結的な道徳体系を構築し，それによって道徳と国家との間の矛盾を解消することはできない。リットは，こうした二律背反の解決は，ある種の一般的な原則の合理性によっては不可能であって，最終的には「具体的生活現実の非合理性」によるしかないと主張する。すなわち，「国家と文化，政治と道徳といった問題は，超歴史的な，理念のエーテルを自由に浮遊する理性の判決に服さない——問題は，歴史的生活過程のあらゆる具体的状態へと編み込まれている」[8]のであって，われわれは，二律背反的な緊張関係の中で，歴史的状況から決断し，行為するほかはないというのである。

　以上の考察からリットは，「「公民教育」という名に値する若い人間への働きかけが出発しなければならない根本真理」および「これら真理によって反論されている誤謬」として，次のような4点を取り出す。

　そのまず第1は，国家と文化，特に国家と道徳とは，対立し合うのではなく，機能的に結合しており，したがって，国家と文化を遮断し，国家に自然的な力の最高の高揚を見る自然主義的あるいは生物学主義的な国家理論は誤っている，ということである。

　次に第2は，この結合状態は完全な調和ではなく，そこには両極的な関係が存在しており，その二律背反性は止揚できないのであって，したがって，国家は地上における「道徳的なものの実現」ではなく，それゆえに，「あらゆる類いの国家の神化」は否定されなければならない，ということである。

　そして第3は，「理想国家」，すなわち，「すべての部分が道徳そのものの要求に適って建設されており，したがって国家理性と個人的良心との間の抗争が廃棄されているような政治的形成物」は不可能であって，したがって，歴史的状況を飛び越えて構想された「あらゆる国家ユートピアの青写真」は非現実的として拒否されなければならない，ということである。

8）　ibid., S.82.

最後に第4は，人間生活において国家なき状態は，なるほど原則的に考えられるが，しかし，それは道徳生活の完成をもたらすのではなく，むしろ道徳生活の可能性を破棄するもので，したがって，国家を廃絶し，「国家なき社会という理想」を実現することは道徳の発展を拒むことになる，ということである。

　結論的にリットは，こうした真理が公民教育において根本課題として取り組まれなければならないとするのである。国家の本質を，マキアヴェリ的に「暴力」の面からと，グロティウス的に「法」の面からの両面からリアルにとらえ，国家と文化，とりわけ国家と道徳との間の緊張関係を強調するところにリットの所論の特徴が存したのであるが，上記の真理の具体化に際して，彼は「対立の教育学」（Pädagogik der Gegensätze）と称する立場から，こうした緊張関係を軽視あるいは無視しようとする傾向を批判する。すなわち，このような傾向にあっては，現実の矛盾や葛藤を覆い隠した，あまりにも理想主義的で調和的な国家共同体への教育が主張されるが，これは，「精神生活を絶えず新たな分裂に導き，解決された葛藤のふところから即座に新しい葛藤を現出させる止揚不可能な内的必然性」に目を閉ざすものにほかならず，こうした「楽観的に調和させる教育学」に対しては，次のような非難がなされなければならないとするのである。

　　その教育学は若い人間をある空想世界へと，ある願望世界へと甘いことばで誘い入れようとしているのであるが，そのような世界に彼が住み着けば，期待され約束された調和をどこにも見いだせないので，いつの日か彼をつかまえる現実生活が，絶望と嫌悪で彼の心をいっぱいにするか，あるいは，一切を打ち砕くかのニヒリズムへと陥らせるのは必至である[9]。

　以上のようなリットの国家論およびそれを基盤にした公民教育論は，ケルシェンシュタイナーによって代表される，当時支配的であった理想主義的な公民教育思想と対比させることによって，その特徴がより鮮明

---

9) ibid., S.88.

になるであろう。ケルシェンシュタイナーの公民教育思想については，これまでしばしばその保守的な性格が指摘されてきたが，前に触れたリンガーの区分に従えば，リットと同様にケルシェンシュタイナーも「近代派」に属し，ヴァイマル共和国の擁護者ではあった[10]。だが，国家を本質的に「道徳的な共同体」と見る彼にとっては，公民教育の目標は「国民的な理想，すなわち国民的な文化国家や法治国家という理想の中に道徳的な共同体という理念を実現すること」[11]にほかならず，「国家の理想化」「国家の道徳化」を強調するかぎりにおいて，その思考はドイツ的伝統に根を下ろしているといえる。この点において，ケルシェンシュタイナーの立場は「楽観的に調和させる教育学」の典型であって，事実リットは，こうしたヴァイマル期の公民教育論を支配していたオプティミズムを，後に触れるように，第2次世界大戦後に本格的に批判するにいたる。しかしながら，現実的には，リットのような「対立の教育学」のリアリズムは，ヴァイマル期の公民教育論議にほとんど影響を与えることはできなかった[12]。ともあれ，国家論および公民教育論におけるアイデアリズムとリアリズムの対立という問題は，1931年の「公民教育における国家の理念と現実」へと受け継がれ，より深化させられることになるのである。

第3節　公民教育における国家の理念と現実

「公民教育における国家の理念と現実」は，この時期を支配していた「国家意識の危機」に動機づけられて筆が執られたものである。したがって，ここでも根本テーマとなっているのは，公民教育のベースとしての「国家」の問題である。先程の「公民教育の哲学的基礎」では，国家をリアルにとらえることが力説されたのであったが，しかし当時の，

10）フリッツ・K・リンガー著，西村稔訳『読書人の没落』182-184頁および275-277頁。

11）Georg Kerschensteiner: Der Begriff der staatsbürgerlichen Erziehung, 10.Aufl. München/Stuttgart 1966, S.42.

12）Vgl.Wolfgang Sander: Zur Geschichte und Theorie der politischen Bildung, S.67.

とりわけドイツの国家の「現実」はいかなる状態であったのか。混乱と混迷の極みだったことは，周知のところである。だとするなら，ここで疑問が持ち上がらざるをえない。すなわち，公民教育はあえてこうした「現実」へと若い世代を導入しなければならないのか，あるいは，公民教育がむしろなすべきことは，こうした「現実」を脱俗した国家の「理念」へと若い世代を導くことではないのか，という疑問である。ここに，公民教育において国家の「現実」と「理念」との関係をいかに考えるかという問題が提起されるわけであるが，リットはこの関係を次のような3段階において解明しようとする。

1. 国家一般の現実に対する理念の関係
2. この特定の，すなわちわれわれの国家の現実に対する理念の関係
3. この特定の時期における，すなわち今日におけるこの特定の国家の現実に対する理念の関係

　この内のまず「国家一般の現実に対する理念の関係」であるが，この段階では「公民教育の哲学的基礎」におけるモティーフが，「現実と理念との関係」という観点から再度取り上げられている。すなわち，リットは国家一般の本質を，「法秩序」という「光」の側面と，「権力」(Macht)，とりわけ「物理的暴力」という「闇」の側面の両面からとらえようとする。ここでも，権力や暴力が国家の不可欠的な契機であり，それが文化生活を保証するものであることが，繰り返し述べられている。このように権力や暴力が国家の本質の一部をなすのであれば，これを国家の「単に経験的な属性」として度外視するわけにはいかず，「国家の理念」へと組み入れなければならない。この点でリットは，「法」原理のみを「国家の理念」に含み入れ，「権力」を地上的な現実の表出としてこの理念から除外し，もって「理念」と「現実」とを判然と分かつ理想主義的な，とりわけカント的な思考法を批判し，「権力」原理をも抱き込んだ「国家の理念」の必要性を説くのである。
　次いで議論は「われわれの国家」，つまり特殊的な国家へと進むが，その前提として吟味に付されるのは同じくカントの国家哲学である。カ

ントの立場よりすれば,「完全な正義の精神で秩序づけられた国家」という一なる国家の理念なるものが存在し,すべての特殊的な国家はこうした理念より導出されなければならない。しかし,具体的・現実的には,ヘルダーが歴史のどの現象も「その中点を自分自身の内にもっている」と語ったように,どの国家も独自価値を有しており,それ固有の理念によって照射されている。歴史的に国家理念を眺めれば,単数の「理念」ではなく,複数の「諸理念」を認めざるをえない。要するにリットは,この時期に彼をとらえていた啓蒙主義的なカント的視座と歴史主義的なヘルダー的視座との対立という図式を国家論に適用し,国家の超歴史的理念の抽象性に歴史的な理念の具体性を対置させようとするのである[13]。

こうした特殊的な国家の理念は,具体的現実においてみずからを実現しつつも,国家形式のあらゆる歴史的変遷を貫いている。したがって,理念が具体化されるところの「現在」は,「現在以上であるところの「現在」」であって,そこでは同時に過去と未来とが統合されている。であるならば,現在の国家形式を過去の国家形式や未来の国家形式から切断して,それのみを孤立させることはできない。リットはこのことは「新しいドイツ,つまり共和国ドイツ」にも妥当するとして,公民教育の課題とかかわって,次のように述べる。

> われわれの国家の時間的形式の何らかのもの以上であるわれわれの国家の具体的「理念」を仰ぎ見ることは,われわれの国家の現在の体制に対する腹蔵なき敬意を,われわれの国家が,違った形態で,つまりその生きたエネルギーを違って集中させてかつてあり,そしてなしたものの完全な理解や積極的な承認と一つにすることをわれわれに許す。国家がその生をある特定の体制,むしろ唯一の体制によって統治される場合にのみ,理性と人間の品位が国家に宿るとするドグマからわれわれが解放されるならば,それはまさしくわれわれの公民的な志操陶冶や教育にとって一つの解放を意味している。過去に対する忠実,現在への意志,未来に対する開放性は,この偏

---

13) Vgl.Theodor Litt: Kant und Herder als Deuter der geistigen Welt, Leipzig 1930.

見を除去した後でのみ一つになる。そして，この合一に対して，若い世代を積極的に，そして成熟させること——このことが，公民教育の最も気高い関心事ではないだろうか[14]。

「現在」における理念と現実との合一が問題となることによって，議論は最終段階へと，つまり「この特定の時期における，すなわち今日におけるこの特定の国家」の段階にいたる。ここでは，理念と現実との和解を拒否し，一方にのみ傾く政治的思考がまず批判される。リットによれば，そもそも政治というのは，時代を越えた理念の導きのもとに，時代の要求を迅速にとらえ，それを実現する術，しかも，理念への耽溺と現実への迎合という両極端の間の「狭い屋根」の上でなされる「危険極まりない術」にほかならない。このゆえに，あまりにも理想主義的な考え方も，あまりにも現実主義的な考え方も，いずれも政治的には誤っているといわなければならない。リットは，理念と現実との相互浸透こそ，現今のドイツ政治に，そしてまた公民教育に必要だと考えるのである。

先には，「ある特定の，現在によって優遇された国家形式に，絶対的価値を，そのためにまた公民教育の理念的内容を見いだそうとする者の見解」に反対が唱えられたのであるが，ここでは「公民教授の枠内で，ライヒ憲法に成文化されているようなこの形式を，「単に」刹那的で一時的な共同体の秩序として，いかにも無関心に取り扱う，それどころか，悪評し引きずりおろす批判の対象とする者」の見解が否定される。というのも，「この憲法はとにもかくにも，われわれすべてにとって，そして全く確かに，自分の判断に向かってようやく成熟しつつある青少年にとって，先に展開された含蓄ある意味で「現在」であり——したがって，単に刹那的なもの以上のものが透明となるところの現在である」[15]からである。こうした立場からリットは，次のように述べる。

　　われわれの現在の憲法が含んでいる共和主義的な市民の徳の規範

---

14) Theodor Litt: Idee und Wirklichkeit des Staates in der staatsbürgerlichen Erziehung, in: Die Erziehung 6, 1931, S.362.
15) ibid., S.366.

は，広い範囲において，どの国家制度も，その形式がどうであれ，頼みとする徳の規範と一致している[16]。

ともあれ，「歴史的時点の完全な具体性」において国家の「現実」と「理念」が一つになることによって，公民教育は，「一つ残らず時代の権力に身を捧げなければならないか，あるいは，非現実的な幻想と抽象の世界に逃避しなければならないか」という二者択一から解放され，ここに「自由に星を見上げつつ，支えとなる地上にしっかりと立つ」青少年の育成が可能となるわけである。

では，以上のようなリットの所論をいかに受け止めるべきであろうか。リットのこのテキストも，やはり当時の歴史的状況のコンテキストにおいて，その意義や限界が明らかにされなければならないだろう。そうしたとき，まず指摘できることは，この所論においては，共和国体制を擁護しようとするリットの姿勢がはっきりと打ち出されているということである。リットにとって，共和国体制は，「「単に」刹那的で一時的な共同体の秩序」ではなく，「単に刹那的なもの以上のものが透明となるところの現在」であり，「共和主義的な市民の徳の規範」は，「どの国家制度も……頼みとする徳の規範」と一致していた。もっとも，特殊的な国家の理念が国家形式のあらゆる変遷を貫くとされるところから，過去の国家形式，たとえば帝政下の国家形式との連続性が示されるにしても，ヴァイマル共和国の国家形式は，決して外部から押しつけられた唾棄すべきものではなく，まさに公民教育がその理念的内容を見いだすべきものである。ここに，次の指摘のように，「理性的共和主義者」としてのリットの共和国への信仰告白を読み取ることは容易であろう。

> この講演は，ヴァイマル国家の現体制への道を開く態度をとっている。なるほどリットは……国家的存在の連続性が体制の変遷を越えて持続することを強調しているが，教育が，国家の抽象的理念ではなく，現体制に即してなされていなければならず，そのために紛れもなく，存立する秩序，まさにヴァイマル体制の尊重を指示するこ

---

16) ibid., S.367.

第3節　公民教育における国家の理念と現実　　　　　　　　　　49

とを力説している。……この講演は紛れもなく，当時存立していた秩序に対する信仰告白の傾向を示している[17]。

　しかしながら問題は，リットの国家観のあまりにも形式主義的な性格である。もちろん，リットの議論は哲学的な根本原理の究明をねらいとしており，それゆえに，その考察の普遍性は今日においても評価されうるとはいえ，「われわれの国家の具体的「理念」」，つまり歴史的な変遷を貫いているドイツ国家の理念が一体どういったものであるのかは明示されていないし，また，現実の国家がそうした理念に照射されていることから，すべての具体的な国家秩序が同一線上に並べられている。これでは，君主制であろうと共和制であろうと，民主主義であろうとファシズムであろうと，すべてが同等となってしまう。したがって，この点でクラフキが次のように述べているのは，適切な指摘といわなければならない。

　　リットが，個人的に共和国に対して忠実な態度をとっただけでなく，大学の教師，講演者，著述家としてもこの忠実さを主張したことは何ら疑いない。だがまた，彼の国家観および，かの国家観をはっきりと根底にしている公民教育理論が，その形式主義のために，ますます強くなりつつある敵に対して民主主義を断固として擁護するという政治的課題に対して不十分にしか応えざるをえなかったことも，何ら疑いがないのである[18]。

　1931年当時，失業者は500万人に達し，経済危機が深刻化する一方，前年に国会選挙で大躍進したナチスはますます勢力を広げ，10月11日には，国家人民党，鉄兜団，ナチスの右翼勢力がハルツブルクに結集して，共和国打倒の一大デモンストレーションを展開した。ヴァイマル共

　　17）　Ulrich Scheuner: Was bleibt von der Staatslehre Theodor Litts?,in: Theodor Litt und die Politische Bildung der Gegenwart, hrsg. von Peter Gutjahr-Löser/Hans-Helmuth Knütter/Friedrich Wilhelm Rothenpieler, S.184.
　　18）　Wolfgang Klafki: Theodor Litts Stellung zur Weimarer Republik und seine Auseinandersetzung mit dem Nationalsozialismus, S.229.

和国はまさに崩壊寸前であった。こうした状況を考えるならば，リットの議論はあまりにも形式的過ぎよう。彼がなすべきだったことは，「民主主義」を「ファシズム」から明確に区別し，ヴァイマル・デモクラシーを「そのますます強くなりつつある敵に対して断固として擁護する」ことであったろう。けれども，残念ながら，「民主主義」が傑出した政治形式であることはまだ彼には十分自覚されてはいなかったのである。

とはいっても，リットは右傾化する状況に手を拱いていたわけではない。彼は31年12月にライプツィヒ大学の学長に選ばれ，「大学と政治」と題した学長就任講演を行うが，この講演では，大学の政治化という具体的な事態が批判され，「公民教育における国家の理念と現実」とは違った視点が打ち出されているのである。そしてその視点は，ナチズム体験を経て，第2次世界大戦後に明確に現れる民主主義擁護と通じるところをもっていると見ることができる。そこで，公民教育論という枠は越えることになるが，この「大学と政治」について取り上げることにしたい。

第4節 「大学と政治」をめぐって

「大学と政治」の根本動機となっているのは，「公民教育における国家の理念と現実」よりもさらに強い政治的な危機意識である。リットの見るところでは，「民族および文化の全体の実存」は「きわどい状態」にあり，大学自身も「時代全体を揺るがしている大きな運命的な問い」に直面しており，とりわけ諸党派から政治的な態度決定，つまり「決断」（Entscheidung）を迫られている。それゆえに，大学の政治化という状況の中で，「「大学と政治」という問題は，いまだなかったほど議論の余地があり，さし迫っている」[19]。

しかし，リットは大学が何らかの方向に「決断」することに反対する。というのも，大学は決断をなすことによって，学問的な研究・教育

---

19) Theodor Litt: Hochschule und Politik, in: Die Erziehung 7, 1932, S.135.

の場というその本来の性格を放棄してしまうからである。このことを明らかにするために，まず「学問」と「政治」の関係が問われるが，その際，「学問」や「政治」について，そしてこの両者の関係について解明するのが，この両者の一方の側，つまり「学問」そのものであることが強調される。

　　……学問と政治ということが問題であるならば，解明の課題や全権は，終始この関係の一方の側，つまり学問にあり，かつその側にのみある。なぜそうであり，またそうでなければならないのかは，容易に認識されうる。そうであるのは，真の学問，発展を遂げた学問は，あらゆる現実現象と同様に，政治をもその対象とするからであり——精神生活のあらゆる内容と同様に，自分自身をもその対象とするからであり——したがって，これらの両対象を結びつけている関係も，その研究の対象を形づくっており，また形づくらなければならないからである[20]。

　リットは，一切をみずからの研究対象とする学問のこのような機能を，ヘーゲルにならって，「包越的」（übergreifend）と形容し，こうした包越的な特権は学問のみに与えられているとする[21]。
　したがって，相手におおいかぶさり，その内部に介入するという包越的特権は，学問以外のものには許されないことになる。学問による学

---

20) ibid., S.140.
21) übergreifen という語は，一般的には，越えて広がる，上にかぶさる，不当に干渉するという意味であるが，ここでは「包越」と訳してみた。ヘーゲルは，たとえば自我について，「自我は自我自身であり，かつみずからにおいて止揚されたものとしての客体を übergreifen し，関係の一側面でありつつ関係の全体であって——みずからおよびさらに他者を顕示する光である」（Georg Wilhelm Friedrich Hegel: Enzyklopädie der philosophischen Wissenschaften im Grundrisse, Frankfurt am Main 1986, S.199）と述べている。このように，みずからを越えて他者へと広がり，他者におおいかぶさるとともに，みずからと他者を包み，両者の関係の全体を照らし出すことが übergreifen である。リットはこの語を後にみずからの哲学的人間学に取り入れ，この語でもって，たとえば次のように精神の根本機能を表現するにいたる。「精神は自分自身のもとにあるとともに，他者を包越する。精神がそれをなすことによって，他者は「精神の」他者となる。この概念の意義全体は，この概念でもって表示される関係を反対側から考察する場合に浮かび上がる。「他者」は自分自身のもとにもなければ，精神を包越しないのである」（Theodor Litt: Mensch und Welt, 2.Aufl. Heidelberg 1961, S.212）。

問以外のものへの包越と，学問以外のものによる学問への包越の決定的相違は，前者の場合には，相手を侵害せずにそのまま保持するのに対して，後者の場合には，相手を侵害し破壊する点にある。

> それ自身学問でないものへの学問の包越（übergreifen）は，決して破壊的な「干渉」（Übergriff）ではなく，正当な意味でなされるかぎり，忠実な保持である。学問でないものの学問への包越は，絶えずぶちこわしである[22]。

この一般論は，当然，学問と政治の関係にも妥当する。すなわち，学問による政治への包越は，相手の「忠実な保持」であるので，政治を破壊することにはならないが，政治による学問への包越は，相手の自律を侵し，学問の「ぶちこわし」となる。このゆえに，大学が政治の突き上げによって決断することは，「学問でないものの学問への包越」であって，学問の侵害・破壊を招来するのであって，もし大学が，「精神的努力の自律」を維持し，学問の場であろうとするならば，決断はなすべきではないということになるのである。

このように，大学が「学問的な大学」であろうとするならば，決断をなすべきではないのであるが，しかしリットは，大学が学問的な大学であるべきかどうかということは，学問的に根拠づけることはできないと主張する。それは価値判断の問題である。価値判断の問題であるから，それは「決断」されるべき事柄である。

> 学問が価値をもつか，どのような価値をもつか，この価値がそのランクに従えば他の価値といかにかかわっているか，学問的な大学が存在すべきか，あるいは存在すべきでないか——これら一切は，学問的な根拠でもっては決断されえない問いである。学問はこの決断

---

22) ibid., S.142. ここで「正当な意味でなされるかぎり」と限定が加えられているが，「正当な意味」というのは，学問がなしうる包越が，実践的な関心から対象に介入する「実践的包越」ではなく，対象をあくまでも純粋理論的に研究する「理論的包越」でなければならないという意味である。学問による「実践的包越」を拒否するところから，リットは，学問を通して政治的変革を志向したプラトンを誤っているとする。

第4節 「大学と政治」をめぐって　　　　53

の必然性を示すことはできるが——この決断そのものをなすことは，学問としてはできない[23]。

　「学問的な大学が存在すべきか，あるいは存在すべきでないか」ということが，学問的に根拠づけることができない以上，学問的な大学を特定の政治的な色合いを帯びた大学へと変革しようとする者に対しては，その者を学問的に反駁することはできないのであって，せいぜいできることは，その者によって要求されたことの射程をその者に指摘してやり，そうした変革が招く結末を明らかにすることだけである。
　では，大学から学問性が奪われるならば，一体どのような結果になるのか。リットの考えはこうである。すなわち，大学から追放された学問は他に居場所を求めるものの，そこでは学問は十分な発展を遂げることはできないであろう。他方，大学では，「自分の国民の国家への，信念に基づいた献身」が育成されることになるだろう。しかしながら，いかに国家や民族のためといっても，ある種のイデオロギーによって大学を一つにまとめることは不可能である。なぜならば，国家や民族については，様々な見解があり，一致は存在していないからである。大学が決断をなすということは，ある特定の決断をなすことであって，それは，特定のグループを強化し，それとは対立するグループを排除することにほかならない。むしろ大学は，超党派的な学問的真理を追求することによって，真に国家や国民に仕えうるといえる。

　　大学は……大学に闘争場への下降を禁じる指導理念を惑わずに堅持するまさにその場合に，正当な理由で大学に要求される民族への奉仕を最も完全になすであろう。大学は，大学に言い寄る決断の一つに味方するならば，国民の全体生活へのその掛け替えのない関与をなしているもの，救済的で建設的な諸力のその特別な蓄積をなしているもの，まさしくこうしたものを逸することになるだろう[24]。

　こうリットは考えて，ある意味ではヴェーバーのかの「職業としての

---

23)　ibid., S.145.
24)　ibid., S.148.

学問」(Wissenschaft als Beruf) を彷彿とさせるようなこの「大学と政治」を,「大学は，単に刹那的であるものに従わないまさしくそのときに，最も「現在的」であるだろう」[25]と締め括るのである。

この「大学と政治」において,「大学」や「学問」の自由を守ろうとする姿勢と同時に，大学を取り込もうとしていた諸党派，とりわけナチスに対する批判が示されていることは明白であろう。であるならば，ファシズムもデモクラシーも同じだということにはならないだろう。なぜならば,「精神的努力の自律」はファシズム国家においては不可能だからである。こうした自律を保証する国家形式は，それを抑圧する国家形式からはっきりと区別されなければならない。民主主義の国家でこそ,「学問的な大学」は存続しうるのであって，したがって,「民主主義をそのますます強くなりつつある敵に対して断固として擁護する」ことが必要である。リットはそこまでは踏み込んではいないが，民主主義擁護の立場はすでに準備されている。その点で，この「大学と政治」は，ヴァイマル期のリットの立場の「自己修正」[26]を含んでいると評しうるのである。

「大学と政治」の翌年の10月，ダンツィヒで開催されたドイツ大学連盟の会議で，ライプツィヒ大学学長としてリットは，悪質なナチス学生に除籍の措置をとることを提案した。この提案に対して，たとえばシュプランガーは，愛国的な学生の運動は，形式の上では規律に欠けるところがあっても，根は純粋だとして反対し，結局リットの提案は受け入れられなかった[27]。その結果は，ナチスの大学支配の一層の迅速化であった。ヴァイマル共和国の余命はいくばくも残されていなかったので

　　25) ibid., S.148. この時期ナチズムに傾斜しつつあったフライヤー (Hans Freyer) は，リットの見解をリベラルだとして，大学が「国家の大学」であるべきことを力説した。Vgl. Hans Freyer: Die Universität als hohe Schule des Staates, in: Die Erziehung 7, 1932, S.520ff. und S.669ff.

　　26) Wolfgang Klafki: Die Pädagogik Theodor Litts, S.245.

　　27) Vgl.Eduard Spranger: Mein Konflikt mit der nationalsozialistischen Regierung 1933, in: Universitas 10, 1955, S.457-473. 「愛国的な学生の運動は，形式の上では規律に欠けるところがあっても，根は純粋だ」というシュプランガーのこのことばについて，リンガーは,「ナチズムに対する読書人階層の反応の全歴史はこの文に含まれている」とし,「リットは，ヤスパースやフォスラーなど少数の人々とともに，迫りくる危険をたいがいの同僚よりも少しだけはっきりと見ていた」(フリッツ・K・リンガー著，西村稔訳『読書人の没落』298頁) と指摘している。

ある。

第3章

ナチズムとの対決

――――――

　いわゆる「ナチズム」（Nationalsozialismus）の体験は，リットの政治思想および政治教育思想の形成において，決定的に重要な意義をもっている。彼は，ナチズムに迎合的な思想状況の中で，あえて敢然とナチズムとの対決を企てた。この彼のナチズム批判は，主として「学問」（Wissenschaft）および「歴史」（Geschichte）という2つの視点からなされていると見ることができる。本章では，ナチス期の初期に公刊された著作の分析・検討を通して，リットがいかにナチズムとの対決を試みようとしたかを明らかにすることにしたい。

第1節　反ナチズムの態度

　1933年1月，前年秋の国会選挙でナチスが議席数を減じたにもかかわらず，保守派の愚かしい思惑によって，ドイツ共和国大統領ヒンデンブルクは，ヒトラーを「ライヒスカンツラー」（Reichskanzler），つまり首相に任命した。ヒトラーの首相就任は，合法的手段によるものであるが，共和国打倒を叫んでいた政治勢力がついに政権の座につくことによって，ここにヴァイマル共和国は終焉を告げることになる。同年3月の「全権委任法」（Ermächtigungsgesetz）により特別大権を授与されたヒトラーは，これを盾にナチズムによる革命の遂行をいよいよ開始するのである。

　それでは，このナチス期において，教育学者たちはナチズムに対し

ていかなる態度をとったか。大勢はナチズムに迎合的であったとはいえ，おおよそ3つばかりの類型を区別してみることができよう。まず第1は，ナチズムに同調した教育学者たちで（これを「同調型」と呼んでおく），その典型例は，ナチスの教育学的イデオローグであったクリーク（Ernst Krieck）とボイムラー（Alfred Baeumler）である[1]。次いで第2は，抵抗を含めて非同調的な態度をとった教育学者たちである（これを「非同調型」と名づける）。彼らは，官職を追放されたり，亡命を強いられたり，場合によっては強制収容所に送られたりした。改革教育運動の指導者や社会主義的な志向をもった教育学者の多くは，この類型に属するが，代表者として，エストライヒ（Paul Oestreich），ズィームゼン（Anna Siemsen），ライヒヴァイン（Adolf Reichwein），ボリンスキー（Fritz Borinski）等の名を挙げることができる[2]。そして第3は，同調型でもなければ，非同調型でもない，すなわちアムビヴァレントな態度をとった，「両義型」とでも称すべきタイプである。いわゆる「精神科学的教育学」派のほとんどの人々は，このタイプと見なすことができるだろう。

今日，「精神科学的教育学のナチズムとの関係」という問題は，精神科学的教育学研究の重要なテーマの一つとなっている[3]。シュプランガーやフリットナー（Wilhelm Flitner）がアムビヴァレントな態度をとったことは，すでに広く指摘されていることであるし[4]，ヴェーニ

---

1) もっとも，同じ「同調型」といっても，当然のことながら，様々なヴァリエーションがあり，クリークとボイムラーとでも事情はかなり違っている。クリークの場合は，当初はリベラル左派の立場にあったが，ヴァイマル共和国への失望を契機にナチスに入党し，その教育学的イデオローグとして精力的な活動を展開するものの，やがて党内で不協和音を発し，失脚も同然の運命をたどることになる。この点については，次の書に詳しい。山本尤著『ナチズムと大学』中公新書，1985年，132-145頁。

2) この内，ライヒヴァインに関しては，次の伝記が邦訳されている。ウルリヒ・アムルンク著，対馬達雄／佐藤史浩訳『反ナチ・抵抗の教育者──ライヒヴァイン 1898-1944』昭和堂，1996年。

3) この問題については，さしあたっては，次の論文が参考になる。クラフキ著，福井一光訳「精神科学的教育学の国家社会主義（ナチズム）との関わり」W. クラフキ／小笠原道雄編『教育・人間性・民主主義』玉川大学出版部，1992年，157-177頁。さらには，Vgl. Thomas Gatzemann/Anja-Silvia Göing(Hrsg.): Geisteswissenschaftliche Pädagogik, Krieg und Nationalsozialismus, Frankfurt am Main 2004.

4) Vgl.Adalbert Rang: Spranger und Flitner 1933, in: Pädagogen und Pädagogik im Natioalsozialismus, hrsg. von Wolfgang Keim, 2. Aufl Frankfurt am Main 1990, S. 65-78. 特に

第1節　反ナチズムの態度

ガー（Erich Weniger）については，彼が戦時中に展開した「軍隊教育学」（Militärpädagogik）の問題性が取り沙汰され[5]，反ナチ的と見られてきたノールでさえも，親ナチ的な面が一時あったことが明らかにされつつある[6]。「教育の自律」を掲げる精神科学的教育学が，本質的にはナチズムと相容れないのは確かだとしても，この派の多くの人々が，「民族の統一」という美名にひかれて，この新しい運動にある種の幻想を一時期抱いたことは，否定すべくもないように思われるのである。

ところで，この精神科学的教育学にあって，終始反ナチズムの態度を貫いたのが，つまり例外的に「非同調型」に属すると考えられるのが，リットにほかならない。この点で，たとえばリンゲルバッハ（Karl-Christoph Lingelbach）は，精神科学的教育学において，「テーオドール・リットのみが，進んで挑戦を妥協せずに受けて立った」[7]と指摘しているし，またクラフキも，精神科学的教育学においてリットに固有に見られる特徴の一つとして，「彼が1933年以後ナチズムに対してとった，明確ではっきりとした反対の態度」[8]を挙げているのである。

ここで，リットのナチズムとの対決の歩みを，まず伝記的に追ってみると[9]，対決はすでに1931年のライプツィヒ大学学長就任の時点からは

シュプランガーについては，Vgl.Uwe Henning/Achim Leschinsky(Hrsg.): Enttäuschung und Widerspruch. Die konservative Position Eduard Sprangers im Nationalsozialismus, Weinheim 1991. 日本のシュプランガー研究では，たとえば次の書において，シュプランガーとナチズムの関係が取り上げられている。村田昇著『国家と教育』ミネルヴァ書房，1969年，67-97頁。田代尚弘著『シュプランガー教育思想の研究』風間書房，1995年，88-250頁。

5）　Vgl.Kurt Beutler: Geisteswissenschaftliche Pädadogik zwischen Politisierung und Militarisierung-Erich Weniger, Frankfurt am Main 1995.

6）　Vgl.Michael Gran: Das Verhältnis der Pädagogik Herman Nohls zum Nationalsozialismus, Hamburg 2005. 日本のノール研究でナチズムとの関係を取り上げたものとしては，たとえば，坂越正樹著『ヘルマン・ノール教育学の研究』風間書房，2001年，98-190頁参照。

7）　Karl-Christoph Lingelbach: Erziehung und Erziehungstheorien im nationalsozialistischen Deutschland(1970), 2.überarb.Aufl. Frankfurt am Main 1987, S.157.

8）　Wolfgang Klafki: Die Pädagogik Theodor Litts, S.394.

9）　以下の伝記的叙述に際しては，特に次のものを参考にした。Wolfgang Klafki: Theodor Litts Stellung zur Weimarer Republik und seine Auseinandersetzung mit dem Nationalsozialismus. Friedhelm Nicolin: Theodor Litt und der Nationalsozialismus,in: Theodor Litt und die Politische Bildung der Gegenwart, hrsg. von Peter Gutjahr-Löser/Hans-Helmuth Knütter/Friedrich Wilhelm Rothenpieler. Wolfgang Klafki: Die Pädagogik Theodor Litts. Albert Reble: Theodor Litt. Wolfgang Matthias Schwiedrzik: Lieber will ich Steine Klopfen――Der Philosoph

じまっている。すなわち，すでに触れたように，リットは学長就任講演に「大学と政治」というテーマを選び，そこにおいて，大学の自由を擁護する立場から，ナチスが企図していた大学の党派的支配を批判したのである。が，ライプツィヒ大学においても，「ナチス学生同盟」(NSDStB)が「学生自治会」(AStA)を支配するところとなり，学長リットと学生集団との間で軋轢が生じた[10]。一例を示せば，32年6月のことであるが，大学に「指導者原理」の導入を求めた学生集団は，大学ロビーでのヒトラーの選挙演説放送の中継を要求し，これが拒否されると見るや，授業妨害という挙に出た。そのために，リットは学長として全学休講の措置をとらざるをえなくなった。「ユダヤ人の奴隷……近々復讐がなされる」と脅されたリットは，にもかかわらず，同年の10月にダンツィヒで開催されたドイツ大学連盟の会議で，悪質なナチス学生に除籍の処置をとることを提案した。しかし，残念ながら，この提案は，シュプランガー等の反対のために，結局は受け入れられなかったことはすでに述べた通りである。

ナチスが政権をとった1933年の3月上旬，リットは「大統領への特別な信頼」を表明した宣言に署名を求められたものの，大統領に信頼を表明することは，今の政府に信頼を表明することにほかならず，今の政府が信頼に値しない以上，宣言には賛成できないとして，署名を拒否した[11]。またリットは，大学の授業においても，ナチスおよびナチズムに

---

und Pädagoge Theodor Litt in Leipzig 1933-1947, Leipzig 1997.Heidi Bremer: Theodor Litts Haltung zum Nationalsozialismus, Bad Heilbrunn 2005. なお，リットとナチズムの関係を取り上げた日本での研究としては，新井保幸著「リットのナチズム批判」『教育哲学研究』第46号，1982年，1-16頁参照。また，次のシュプランガー研究書の「第八章　リットと国家社会主義の問題」においても，この関係が論じられている。田代尚弘著『シュプランガー教育思想の研究』196-219頁参照。

10) ナチス期の学生運動については，次の書で総合的に解明されている。田村栄子著『若き教養市民層とナチズム』名古屋大学出版会，1996年。

11) このことからしても，ヴェーバー(Bernd Weber)によって指摘されてセンセーションを引き起こした（Vgl.Bernd Weber: Pädagogik und Politik vom Kaiserreich zum Faschismus, Königstein 1979, S.346f.），1933年11月11日に表明された「アードルフ・ヒトラーとナチス国家に対するドイツ大学教授の信仰告白」(Bekenntnis der Professoren an den deutschen Universitäten und Hochschulen zu Adolf Hitler und dem nationalsozialistischen Staat)にリットがみずから署名したという事実は，やはり考えることはできない。署名は，クラフキ，ニコーリン，レブレ等が等しく主張しているように，「偽造」であると思われる。このリットの「信仰告白」問題については，田代尚弘著『シュプランガー教育思想の研究』196-204頁参照。

第1節　反ナチズムの態度

対する批判を隠しはしなかった。残された記録によると，彼は次のようなことをゼミ会議（33年5月12日）で述べたという。

　　現在「われわれはナショナルだ」という叫び声が大きくなっているが，これは，ナチスへの無条件の服従を要求するものであって，そうしたことは私には全くできない。とりわけ私が賛成しかねるのは，人種原理である。それは，極端な生物学主義であって，若者の心に深刻な害悪を及ぼしている。したがって，このことを指摘するのが私の義務である。沈黙するよりは，「むしろ私は石を叩いて砕こう」（Lieber will ich Steine klopfen.）。精神的自立への勇気をもって，刹那の幻惑に屈することなく，事態を冷静に見つめることが，有毒な雰囲気の浄化のために必要であり，それ以外にドイツ民族の繁栄もありえない[12]。

　批判的な言動によって危険人物と見られたリットに対して，大学外においても，機会あるごとに妨害や圧迫が加えられることになる。たとえば，33年5月，ミュンヘンの「教育・心理研究所」（das Pädagogisch‐psychologische Institut）は，「ナチス国家における教育」（Die Erziehung im nationalsozialistischen Staate）をテーマにした会議にリットを招き，その会議でリットが「ナチス国家における精神科学の位置」（Die Stellung der Geisteswissenschaften im nationalsozialistischen Staate）と題した講演をすることが取り決められた。しかし，会議の後援者であるバイエルンの文部大臣シェム（Hans Schemm）は，リットのような「非常に厄介」な人物には話をさせないようにとナチス教員連盟から忠告を受け，研究所に圧力をかけた。そのために，2か月後に，研究所はリットに自発的に講演をやめることを伝えてきた。これに対してリットは，「あなたがたが，講演が行われないことをお望みならば，私としては，会議の開催者が，講演ができないことを是非とも私に説明され，会議の参加者にもこの趣旨を知らせることを必ずお願いしなければならない」と答えて，自発的辞退を拒否し，「私は講演を印刷して刊行するであろ

　12）　Vgl.Walter Steger: Zur Erinnerung an Theodor Litt, in: Pädagogische Rundschau 45, 1991, S.288ff.

うし，そのときに，問題に関心をもっておられるどなたもが，講演が会議の範囲内で許容できたのか，あるいはそうでなかったかを確信されることができるであろう」として，断固たる態度をとった。講演は，結局なされなかったが，ことば通り，リットは予定していた講演の原稿を印刷して公にしたのである[13]。

また，34年11月にリットはベルリンで「哲学と時代精神」(Philosophie und Zeitgeist) という講演を行ったが（この講演も加筆されて翌年に公刊されることになる)，この講演を反ナチ的と見たナチスの機関紙『フェルキッシャー・ベオバハター』(Völkischer Beobachter) は，早速リット攻撃の記事を掲載し，この記事は12月17日付の『ライプツィヒ大学新聞』(Leipziger Hochschulzeitung) に転載され，次のようなコメントが付けられた。

> われわれはこの機会をとらえて，以下のことを説明したい。すなわち，リット教授は，学問においてドイツ国境を越えても有名で評価されている人物である。リット教授は，ライプツィヒ大学の哲学および教育学の教授である。リット教授はNationalsozialistではない。……しかし，われわれがNationalsozialistと見なしえないし，自分自身も恐らくはほとんどそのようには呼びたがらない者が，とりわけ，将来いつか教師として民族の国民政治的教育を担わなければならない学生たちに対して，教育学を講じ，彼の文化理論を世界観として身に付けさせるのであれば，そのことは，学生の政治教育の危機であるのみならず，わが民族全体の政治教育の危機である。……われわれはリットの教育学的－政治的影響が一度批判的に考察されることを望むものである[14]。

この出来事に続いて，リットの授業に対する妨害が起こった。学長のクリューガー (Felix Krueger) は，リットを不注意で挑発的な態度をとっているとして，リットにクリスマス前の授業の休講を命じた。けれども，再開された授業においても，リットは依然としてナチズムに対す

---

13) Vgl. Friedhelm Nicolin: Theodor Litt und der Nationalsozialismus, S.119.
14) Vgl.ibid., S.120.

第1節　反ナチズムの態度

る批判をやめなかった。

　ナチズムに批判的であるとはいえ，名声の高いこの哲学者を大学から排除することは，当局にも簡単にはできなかった。しかしながら，1936年におけるリットのオーストリア旅行を契機に決裂は訪れた（オランダやスイスでの講演はすでに禁止されていた）。この旅行でリットは，ヴィーンやブリュン等で講演をすることになっていたが，ヴィーンのラジオ講演の前に，ベルリンよりの指令を受けたヴィーン駐在のドイツ大使から，個人的な理由を添えて，講演を中止するように求められた。大使館における協議の結果，リットはラジオ講演のみならず，予定されていたすべての講演をキャンセルして，ライプツィヒに帰り，「嫌悪と憤激で一杯になって」退職申請書を提出した（1936年10月28日付）。この退職申請書の中で，リットは次のように書いている。

　　これでもって……私および私の教職の見通しは絶望的となりました。……私は，当局の不信によって絶えず迫害され，今体験したような類いの侮辱的な状況の可能性に絶えずさらされていることを感じるでありましょう。私は，このような状況下で，あらゆる有益な教授活動の前提である研究の喜びや内的確信の最小限のものすらいかにして呼び起こすべきでしょうか。したがって，私は省に対しまして，私がここ3年以上にわたって，私の意志が認められず，それどころか私の意志が絶えず誤認されていたにもかかわらず，新しいドイツに誠心誠意仕えようと努めてまいりましたけれど，ここに退職することをお願い申し上げる次第であります[15]。

　そして，長い待機と再度の申請の後に，37年7月にようやく退職が認可され，10月1日をもってリットはライプツィヒ大学を去ることになる。

　退職後もリットは，可能なかぎり，ナチズムを批判し，ナチスへの抵抗を続けた。著作の上では，38年の『ドイツ精神とキリスト教』において，ナチスのイデオローグであり，かの『20世紀の神

15）　Vgl.Albert Reble: Theodor Litt, S.187.

話』の著者であるローゼンベルクとの対決が試みられた。また，同年の5月には，ライプツィヒの科学アカデミーで「人種理論的歴史観の思想的基礎」(Die gedanklichen Grundlagen der rassentheoretischen Geschichtsauffassung) と題して講演をした。41年になると，講演および出版が全面的に禁止されるが，公的な活動から姿を隠さざるをえなくなってからも，リットは，ライプツィヒ市長であった抵抗運動家ゲルデラーと接触をもった。リットは，ゲルデラーについて，次のようなことを書き残している。

> 私にとって，カール・ゲルデラーの政治的信念については，1933年以来彼とかわしてきた非常に多くの対話から，まさによくわかっている。なるほど彼は，彼と彼のサークルによって計画されたことの詳細について私に詳しく伝えることはしなかった。だが彼が絶えず，政治情勢の暴力的変革の可能性を考えていたことは，多くの所見からして，はっきりと看取できる。彼は特に，政治状況の変革の場合にドイツの大学でなされうるであろう改革を，繰り返し立ち入って私と話し合った……[16]。

事実，ゲルデラーは教育問題に関しては，リットに助言を求めたと伝えられている。

> さらに，ゲルデラーの諸計画には，多少とも政治的反対派に近しかった一連の著述家や学者たちが関係していたことも，述べておかねばなるまい。とくに，フライブルク大学で教鞭をとっていたエリック・ヴォルフ，アドルフ・ランペ，コンスタンティン・フォ

---

[16] Vgl.Wolfgang Matthias Schwiedrzik: Lieber will ich Steine Klopfen—Der Philosoph und Pädagoge Theodor Litt in Leipzig 1933-1947, S.41. この書には，ゲルデラーに関してリットがしたためた2通の手紙が付録として添えられているが（引用した箇所は，最初に置かれた手紙の冒頭の部分である），これまでリットとゲルデラーの関係については詳らかでなかっただけに，この資料は貴重だといえる。もっとも，反ヒトラーという点では軌を一にしつつも，「1871年のドイツ帝国を彷彿とさせる」（山下公子著『ヒトラー暗殺計画と抵抗運動』講談社，1997年，175頁）ようなヒトラー後の国家形態を構想していたゲルデラーとリットがどこまで一致していたかについては，今後の解明を待たなければならない。

ン・ディーツェ，ワルター・オイケン，ゲルハルト・リッターのような，一群の政治学者，経済学者，歴史学者たちが活発に協力していた。彼らは，告白教会に所属しており，ボンヘッファーが，彼らとゲルデラーとを結びつける役をしたらしい。この場合にもまた，協力の基盤は，単なる政治的なるものの領域を越えたものであった。社会的な問題については，マールブルクのアルプレヒト教授が招致され，一方，教育問題では，ライプツィヒのリット教授がゲルデラーの助言者となった[17]。

ナチス期におけるリットの態度について，彼の弟子であったレブレは，「「第三帝国」におけるテーオドール・リットの態度は，多数のドイツの大学教師たちから根本的に区別される。その態度は，多くの様々に色変わりする惑星やさらに多くのちらちらする光に対して，全く稀で強い恒星のように輝いている」[18]と述べている。リットの態度および行動は，クラフキの表現をもってすれば，「汚点なし」(ohne Makel)であったといえるだろう[19]。

以上明らかなように，ナチス期においてリットは，あらゆる活動を通して，ナチズムとの対決を試みた。彼にあって重要なことは，その対決が単なる心情的な反発からではなく，とりわけ理論的な形式をとって行われたことである。あるいはむしろ，ある時期までは，学問的な批判であれば，ある程度認容されていたので，リットはこれを利用して，みず

---

17) ハンス・ロートフェルス著，片岡啓治／平井友義訳『第三帝国への抵抗』弘文堂，1963年，157-158頁。

18) Albert Reble: Theodor Litt, S.189.

19) Wolfgang Klafki: Theodor Litts Stellung zur Weimarer Republik und seine Auseinandersetzung mit dem Nationalsozialismus, S.251. Derselbe: Die Pädagogik Theodor Litts, S.37. このゆえに，逆にあらさがしが行われ，ナチズムへのリットの親近性を証明しようする企てがなされたりする。その典型的ケースは，フリーデリヒ(Thomas Friederich)の企てであって(Thomas Friederich: Theodor Litts Warnung vor »allzu direkten Methoden«,in: Deutsche Philosophen 1933, hrsg. von Wolfgang Fritz Haug, Hamburg 1989, S.99ff.)，ここでその内容に立ち入ることはできないが，結論的にいえば，それはやはりリットの真意を理解しない歪曲した解釈にほかならず，そのために，『教育学評論』(Pädagogische Rundschau)誌上において，「欺瞞および悪質な中傷」だとして，レブレ，ラサーン，ブラオンベーレンス(Hermann von Braunbehrens)等によって反論が展開されたことがあった。Vgl.Pädagogische Rundschau 45, 1991, S.267ff.

からのナチズムへの批判的な思いを吐露したというべきかもしれない。ただし，そうはいっても，著作が公刊されるためには，たとえ学問的な批判であっても，検閲の網をくぐらなければならず，したがって，公にされたリットの著作も，本音が必ずしも直截に表現されているわけではなく，そこにはカムフラージュ等が施されていることを注意しておく必要がある。この点を押さえつつ，ここでは，ナチズム批判を含んだ著作の内，ナチス期の初期に現れた『ナチス国家における精神科学の位置』と『哲学と時代精神』の両著を取り上げ，その内容を検討することにしたい。

第2節　ナチス国家と精神科学の課題

そこでまず，『ナチス国家における精神科学の位置』であるが，この著作の成立の経緯については，先に触れた通りである。「私は講演を印刷して刊行するであろう」と言い放ったリットは，出版に際して次のような戦略をとった。すなわち，原稿をそのまま1933年に小冊子としてまず出版し，次いで翌年に，それを変更なしにみずから編集に関与していた雑誌『教育』に掲載した（小冊子の方は同年に2版を数える）。こうして，ほぼ同時期に2箇所で公表することによって，この著作ができるかぎり衆目に触れるように図った。加えて，この著作の「まえがき」(Vorbemerkung) で，著作成立の舞台裏を次のように明かした。

> 以下のものは，なされなかった講演を書き記したものである。私は，ミュンヘンで開催される「ナチス国家における教育」の会議で，上述のテーマに関して話すように求められた。しかし，会議の主催者はその後，この講演をプログラムからはずさざるをえないと考えたのである。この講演がなされるはずであった稿に何ら変更はなされなかった[20]。

---

[20] Theodor Litt: Die Stellung der Geisteswissenschaften im nationalsozialistischen Staate, Leipzig 1933, S.5.

第2節　ナチス国家と精神科学の課題

　ナチズム批判の内容を含んだ論稿を公にすることの重要性，あるいは危険性を十分に認識していたリットは，このように形式的に手筈を入念に整えた上で，「講演が会議の範囲内で許容できたのか，あるいはそうでなかったか」を世論に問いかけようとしたのである。

　では，そのナチズム批判の内容はいかなるものか。他の著作同様に，この著作もリット独特の「弁証法」によって，それに加えて，前述のように，ストレートな表現を避けたレトリック等によって，かなり込み入っているものの，全体的に見れば，批判はおおよそ2つの視点から，つまり「学問」と「歴史」の両視点からなされていると判断することができる。もっとも，この2つの視点は，リットのナチズム批判全体を貫いているものであるが[21]，他の著作ではどちらかの視点が際立つ傾向にあるのに比して（たとえば，後に見るように，『哲学と時代精神』では「学問」という視点が，また『ドイツ精神とキリスト教』では「歴史」という視点が表立っている），この著作では両方の視点が押し出されているのである。したがって，以下においては，これら両視点から，リットがいかにナチズムとの対決を試みているかを明らかにすることにしたい。

　さて，リットの見るところでは，ナチス運動は，一方では，精神にとって到達不可能な非合理的な根拠よりみずからが発していることを確信しつつも，他方では，みずからを理念的に根拠づけたいという欲求をもっている。この根拠づけに際しては，ナチス運動は，欲すると欲しまいと，「精神科学」（Geisteswissenschaften）に協力を求めざるをえない。このゆえに，「精神科学」は，「理念の解明や根拠づけや定式化」のために，「ナチス国家」に不可欠なのであって，ここに「ナチス国家において精神科学に帰する原則的な意義」が示されることになる。

　だが問題は，精神科学がナチス国家に対してなす「奉仕」の仕方であ

---

[21]　この点に関連して，少し表現は異なるが，クラフキは，リットのナチズム批判の中点には，「世界観と学問ないしは哲学との間の関係についての，ナチス・イデオロギーによって主張された見解に対する批判」と「ナチズムの人種理論的歴史観に対する批判」という「2つの……問題圏」が立っているとしているし(Wolfgang Klafki: Theodor Litts Stellung zur Weimarer Republik und seine Auseinandersetzung mit dem Nationalsozialismus, S.237)，またリンゲルバッハも，「学問理論のレベル」と「人間学的および歴史哲学的批判のレベル」という「リットのナチズムとの対決の2つの反省レベル」を区別している(Karl-Christoph Lingelbach: Erziehung und Erziehungstheorien im nationalsozialistischen Deutschland, S.222)。

る。「ナチス国家の世界観を「基礎づける」（unterbauen）ことが精神科学の課題である」と主張されているが，これを解すれば，精神科学の外部あるいは上部にある存在者の教義や信念を根拠づけること，つまり，「この出来上がって前にあるものの「基礎づけ」（Untermauerung）」が精神科学の責務だということになる。しかしながら，リットはこのような「学問」のとらえ方をきっぱりと拒否するのである。

　　固定した教説を後から根拠づけたり，個別的に詳述することに本質が存する精神的活動は，場合によっては，非常な明敏さや想像力や説明術を働かせるかもしれないが，しかし——学問と名づけられ，学問として承認されたいというこの要求を精神的活動は，この任務を引き受けることによって失う。この問題圏に関心を抱いているすべての者は，以下の二者択一の不可避性を悟ってもらいたい。真の偽りのない学問を，ナチス共同体の内的確立のために引き寄せることを願うか——その場合には，すでに固定している根本教説の根拠づけや展開にほかならないことを要求し，許可することをやめなければならない。あるいは，この「基礎づけ」以外の何ものも欲しないか。その場合には，学問を局外に置いてもらいたい。もしくは，本当は学問でないものを学問と名づけないでもらいたい[22]。

　リットにとって「学問」とは，外部的な権威によって律せられるのではなく，それ自身「自律」を有した，批判的精神を内蔵したものにほかならない。その点では，かの学長就任講演「大学と政治」で開陳された学問観がここでも表明されているわけである。
　けれども，かといって，「精神科学」の場合，「自然科学」とは違って，時代を超越することはできない。というのも，自然科学が対象とするのは，精神であらざる「自然」の世界であり，それが追求するのは，普遍妥当的な法則の世界であるのに対して，精神科学が対象とするのは，まさに「精神」の世界であり，ゆえに，精神科学においては，精神が自己を省察するのであって，しかもこの「精神」は，つねに歴史的に

───────
22) Theodor Litt: Die Stellung der Geisteswissenschaften im nationalsozialistischen Staate, S.8.

のみみずからを実現するからである。

> 精神科学は実に「自己省察」(Selbstbesinnung)である。……精神は，その本質に従えば，つねに「生きた」，すなわち具体的で，ある特定の状況に根ざした精神であり，その形態のそれぞれは，ただこの一度かぎりのものであり，この唯一の時点でのみ，まさしくそのようにあって，違ってはありえないものである。したがって，「精神科学」として実現されるような自己省察も，その課題を，純粋な形式や法則の時代を越えた世界へと上がることに見ることはできない[23]。

したがって，「時代の息子」である精神科学の研究者には，「自分の時代とともに生きよ」という要求が突きつけられる。自然科学の研究者が「理念」の世界に飛翔することができるのとは対照的に，精神科学の研究者はあくまで「現実」の世界に根を下ろしていなければならない。だが，「自分の時代とともに生きるべき」ということは，「自分の時代に没入し，瞬間のうねりに身を投じて，ついには自分を捨てるべき」ということを意味するのであろうか。もしそうであれば，精神科学は，それとともに学問そのものは，時代の柔順な下僕となってしまうであろう。学問の自由と自律を強調して憚らないリットが，こうしたことを断じて認めえないのはいうまでもない。

ここでリットは，かのシラー(Friedrich von Schiller)が，その『人間の美的教育に関する書簡』(Briefe über ästhetische Erziehung des Menschen)において，芸術家について述べたことを持ち出す。

> 芸術家については，今日でもまだ，シラーが『美的教育に関する書簡』の第9信で……芸術家に戒めたことが妥当する。「芸術家はなるほどその時代の息子であるが，しかし，彼が同時にその時代の生徒，それどころかその時代の寵児であるならば，彼にとってよくな

---

[23] ibid., S.9.

い」。彼は芸術家に「つかの間の瞬間に足跡を押したがる空しいまめまめしさ」を警告している。そして彼は，芸術家に，警告し懇願しつつ，次のように呼びかける。すなわち，「君の世紀とともに生きなさい。しかしその産物であってはならない。君の同時代の人々に尽くしなさい。しかし，彼らが必要としていることをしてやるのであって，彼らがほめることをするのではない」[24]。

リットは，シラーが芸術家について語ったことは，そのまま精神科学の研究者にもあてはまると主張するのである。

まずここまでの段階で明らかになったことは，リットにとって精神科学とは，時代にかかわりつつも，その時代において支配的な世界観を「基礎づける」のではなく，むしろ場合によっては，そうした世界観に批判のメスを入れるものである，ということである。このかぎりにおいて，リットの精神科学論は，精神科学に世界観の「基礎づけ」を求めるナチスの学問観とは正面から対立し，そしてこのことは，とりもなおさず，ナチスの学問観への根本的な批判を意味することになるのである。

第3節　人種論的歴史観の解剖

上述のようにナチスの学問観を批判することによって，ナチズムの世界観を批判することの前提を整えたリットは，いよいよ「歴史」という視点からナチズムの世界観の批判に着手する。「学問」という視点での批判が，一般的・形式的で，ナチズムだけにかかわるのではないとすれば，「歴史」という視点での批判は，特殊的・内容的であって，まさしくナチズム自体に向けられていると見ることができるだろう。

しかし，慎重を期すリットは，批判に先立って，そもそも批判を可能ならしめる学として，個別的な精神諸科学から区別された，「全く特定の意味における「精神科学」」である「精神についての学」(Wissenschaft vom Geist) というものの存在を強調する。すなわち，彼によれば，精

---

24) ibid., S.11. フリードリヒ・フォン・シラー著，小栗孝則訳『人間の美的教育について』法政大学出版局，1972年，63頁および66頁参照。

第3節　人種論的歴史観の解剖

神の世界が歴史的な世界である以上，精神科学は「歴史学」という形態をとりやすいが，それが研究対象とするのは「個別的形態」であって，しかるに，「個別的形態」の歴史学的研究が可能であるためには，その根底に，「精神的存在に関する哲学的な原理学」，つまり「精神についての学」が存在しなければならず，ナチズムの歴史観も，こうしたメタ・レベルの学の視座より解剖する必要があるというのである[25]。

それなら，ナチズムは歴史をいかに考えているか。周知のように，ナチズムは一種独特の「人種論」（Rassenkunde）をベースとしていた。その場合，いうところの「人種」概念は，純粋に自然科学的な概念ではなく，「心的特質」をも含んでいる。このために，ある人種がいかにみずからを形成し，歴史を展開するかは，こうした「心的特質」によってあらかじめ決定されているとされる。したがって，「歴史はまさに，「血の遺産」（Bluterbe），「人種的相続財産」（das rassische Erbgut）の歴史にほかならない。より精確にいえば，歴史は，この血の遺産の維持の歴史であるか，あるいはこの血の遺産の浪費の歴史であるかのいずれかである」[26]。だが，果たして歴史は人種論に従属してしまうのか。かくして問題は次のようになる。「人種論の優位か，歴史の優位か。……歴史は人種論の単なる絵本であるべきか，あるいは，独自の根拠に基づいているのか」[27]。リットは，この問いを究明するのがまさしく「精神についての学」だとするのである。

そこでリットは，人種の「フュジス」（Physis）についてのみならず，その「プシケ」（Psyche）についても解き明かしうるとする人種論を批判し，「歴史は現実には，その根本本質やその根本価値があらかじめ規定されている人種的類型が実証されなければならないところの，そしてこの人種的類型が自分自身を純粋に維持するか，汚したり浪費したりするところの，出来事や運命や行為や所業の一系列にほかならないのか」[28]

---

25) リットは，「精神についての学」は現代的にいえば「哲学的人間学」であるとしているが，こうした意味でのリットの「哲学的人間学」は，後に『人間と世界』（Mensch und Welt）や『思考と存在』（Denken und Sein）といった書において展開されることになる。

26) Theodor Litt: Die Stellung der Geisteswissenschaften im nationalsozialistischen Staate, S.14.

27) ibid., S.15.

28) ibid., S.16.

という問いに，はっきりと「否」でもって答える。なぜなら，人間は，心的存在としては，人種的にあらかじめ決定されているのではなく，歴史においてはじめてみずからを形成するからである。人種論の射程範囲は，あくまで人間の「フュジス」，つまり「身体的存在」としての部分に限定されるのであって，人間の「プシケ」，つまり「心的存在」としての部分には及ばない。「身体的存在」は，あらかじめ決定されたプランに従って，単に「生きられる」のに対して，「心的存在」は，自由や責任に基づいて，自分自身を「生きる」のである。

　リットがナチズムの人種論的歴史観を批判するにあたって，ここでも提示しているのは，「出会い」（Begegnung）という概念である。もし，ナチズムが主張するように，ある民族やある文化が，人種論的に最初から確定されているのであれば，それらのものが，他の民族や他の文化と歴史において「出会い」，みずからの根本的な存在様式を変えることはない。その意味では，ナチズムは「出会い」というものを否定する。だが，リットの確信するところによれば，事実はそうではない。

　　たとえば，ゲルマンの「血」が古代文化やキリスト教信仰の世界と接触するならば，この出会いの内容は，この世界が無抵抗の素材のように「本性に従って」同化されるところにその本質があるのではない。そうではなくて，両パートナーはある対決に入るのであって，この対決から両者は変化し新生して現れるのである。確かに，古典古代やキリスト教は，ゲルマン精神によって受け入れられ，生きられるならば，それらがそれ自身において，かつこの受容以前にあったものではもはやないが──同様に，ゲルマン精神も，さらには，この精神的－心的衝撃以前にあったもの，こうした衝撃がない場合にあり続けただろうものではない。精神的世界のこのような格闘から，歴史的形態として生み出されるものは，一方の側の硬直した「血の遺産」への還元を嘲る[29]。

　ここで例示されているような，「ドイツ精神」と「キリスト教」との

---

29) ibid., S.17.

第 3 節　人種論的歴史観の解剖

「出会い」というモティーフは，後に見るように，ナチスによる思想弾圧がさらに進んだ 1938 年に出版された，「歴史的出会いの本質について」(Vom Wesen geschichtlicher Begegnung) というサブタイトルを付けた『ドイツ精神とキリスト教』において主題化されることになる。

　「精神についての学」の立場より，「人種」「民族」「歴史」の根本関係を解明した後，リットの議論は最終的に，個別科学としての歴史学，とりわけそうした歴史学の研究者の問題に向かう。個別的・具体的な形態を対象とする歴史研究者は，時代とともに生きなければならない。だが，時代とともに生きるということは，現在を絶対化して，過去の中に「現在を王座へと押し上げるものの証明や図解や準備」を見いだそうとすることではない。ここでリットは，もう一度シラーに立ち帰る。

> この意味で，真の歴史学は，その時代の内に生きるとともに，同時にその時代を越えて生きるのであり，真の歴史研究者は，その時代の「息子」であるが，その時代の「お気に入り」ではないのである。……われわれは何といっても……このドイツ的世界は固定した公式の体系にとらえられるのではないという誇りある意識でもって，真の歴史学によってわれわれを満たそう。……精神の研究者がこの確信において迷うことがなければ，彼が彼の同時代や同胞民族に「なすこと」は――恐らく，彼らがただちにこぞって「ほめる」ものではないが，全く確かに彼らが「必要とする」ものである[30]。

『ナチス国家における精神科学の位置』という著作全体において，みずから精神科学の研究者としてリットが企図したことは，まさしく，同時代人が「ほめる」ことをなすことではなく，彼らが「必要としている」ことをなすことであった。けれども，ナチスが期待したのは，学問の自律や自由とか，批判的な学問精神とかいったことでは断じてなく，ナチズムの世界観の「基礎づけ」であった。つまり，すでにある世界観の正当化である。その意味で，リベラルなリットの立場は，ナチスにとって危険極まりないものであった。ナチスが「ほめる」のではなく，

---

[30]　ibid., S.23.

むしろナチスには耳の痛い論を展開しようとしたリットの講演が，ナチスの圧力によってプログラムから外されたのは，蓋し，当然の結果だったのである。

第4節　哲学と時代精神

『ナチス国家における精神科学の位置』の公刊の2年後に，リットは『哲学と時代精神』と題した書を出版するが，これは，すでに触れたように，前年の11月にベルリンでなされた講演を加筆したものである。『ナチス国家における精神科学の位置』が直接ナチズムの問題を取り扱っているのに対して，この書は，その本文に「ナチズム」とか「ナチス」ということばが見えるわけではなく，したがって，表向きはナチズムとの対決を企てたものでないように思える。がしかし，マルクーゼ（Herbert Marcuse）が「現代ドイツにおける大学哲学の最もまともなドキュメントの一つ」[31]と評したこの書は，歴としたナチズム批判の書なのであって，リット自身の意図も，一般の受け止め方も，実際そうだったのである。

この書の本来のねらいがナチズム批判にあることは，リットがみずから次のように注記しているところから，これを読み取ることができる。

　　この著作は，ライヒ新聞社のO. ディートリヒが，ケルン大学の新しい建物の落成式で，「ナチズムの哲学的基礎」（Die philosophischen Grundlagen des Nationalsozialismus）に関する演説をしたときには，すでに完成されていたし，冒頭で触れられたベルリンでの講演はすでに行われていた。この演説は，再印刷（ブレスラウ1934年）に添えられた多数の新聞の論評によれば，一般的に，「ナチス世界観の学問的 - 哲学的定式化」として歓迎されたものである。あとがきの最後で，「真面目な学問的研究」がこの演説と対決

---

31) Herbert Marcuse:〔Besprechung philosophischer Neuerscheinungen〕, in: Zeitschrift für Sozialforschung 5, 1936, S.107. Vgl.Friedhelm Nicolin: Theodor Litt und der Nationalsozialismus, S.128.

してほしいという期待が述べられているのであるが，ここで示されたことを，この期待の実現への先取的な試みと見なしてもらいたい[32]。

ここに名が挙げられているディートリヒ（Otto Dietrich）は，当時ナチスの報道部長の任にあった人物で，ナチスのイデオローグとして，ナチズムの哲学的基礎づけに努めていた[33]。その点で，ディートリヒがナチズムという時代精神の把握に哲学の使命を見ていたとするならば，これに対してリットは，「哲学と時代精神」の関係を問い直すことによって，「「真面目な学問的研究」がこの演説と対決してほしい」とするディートリヒの期待に沿いつつも，ディートリヒとは相異なる立場を打ち出そうとしたのである。

それでは，リットは「哲学」と「時代精神」の関係をいかにとらえようとしたのか。彼によれば，哲学は時代精神とかかわらざるをえないとしても，「時代精神のある種の代表者たち」が主張するように，時代精神に柔順に従い，その単なる「解釈者」にとどまるならば，哲学は哲学であることをやめなければならない。しかし，そうであってはならない。

哲学は，吟味なしに受け入れられた何らかの前提でもって活動することが最もあってはならない認識の形式である。究極へと向かう「説明」が，哲学の拒否できない義務である。時代が哲学に何を要求しようとも——それがこの説明に耐える場合にのみ，哲学はそれに妥当性を与えることができる[34]。

だが，それなら，ヘーゲルが『法の哲学』（Grundlienien der Philosophie des Rechts）において語った，有名な哲学についての規定，すなわち「哲学はその時代を思想において把握したものである」とい

---

[32] Theodor Litt: Philosophie und Zeitgeist(1935), 2.Aufl. Leipzig 1935, S.55.

[33] ディートリヒについては，ジェームズ・テーラー／ウォーレン・ショー著，吉田八岑監訳『ナチス第三帝国事典』三交社，1993年，159-160頁参照。

[34] Theodor Litt: Philosophie und Zeitgeist, S.7.

う規定はどうなるのか[35]。表面的に受け取れば，この規定は，「時代精神のある種の代表者たち」にとって極めて好都合のように思えるが，果たしてそうなのか。そこで，『哲学と時代精神』におけるリットの議論は，このヘーゲルのテーゼの解釈を軸に展開されて行くことになる。

　このテーゼは，「その時代に生きている「世界観」（Weltanschauung）を思想形式において述べることが哲学の責務である」というように理解することができるかもしれない。つまり，哲学は「世界観哲学」（Weltanschauungsphilosophie）だという見方である。ここにいう「世界観」とは，「このような世界観哲学の古典的解釈者」であるディルタイによれば，「ある心的状態」や「生活気分」の表現，さらには「ある類型的な心的状態」や「ある特別な人間類型」の表現にほかならないが，「われわれの時代は……民族や人種に世界観の根拠を見る類型化の形式をひいきにしている。われわれの時代に親しい世界観からわれわれを見つめているのは，「北方的人間」「ドイツ的人間」の顔である」[36]。したがって，哲学が世界観哲学であるならば，現今にあっては，「北方的人間」「ドイツ的人間」という「ある特別な人間類型」を思想形式において述べることが，哲学の現実の具体的な課題となる。だがリットは，ヘーゲルのテーゼをそのように解することに異を唱え，「世界観哲学」として哲学を性格づけることに反対するのである。

　リットは，ヘーゲルのテーゼが本来意味するところを，ヘーゲル自身における「普遍」（das Allgemeine）と「特殊」（das Besondere）の関係の規定を手がかりに明らかにしようとする。すなわち，ヘーゲルにあっては，「普遍」は「特殊」から切り離され，それと対立してではなく，それを通してのみ顕現するとされるのであるが，哲学も，「時代」という「特殊」の把握を通して，しかもそうした把握を通してのみ，超時代的な真理という普遍性へと突き進むことができるのであって，「哲学はその時代を思想において把握したものである」ということは，そのような文脈において考えなければならないというのである。いずれにしても，リットにとっては，哲学は，個別的な世界観の特殊性を超えると

---

　35) Vgl.Georg Wilhelm Friedrich Hegel: Grundlienien der Philosophie des Rechts(1821), Frankfurt am Main 1986, S.26.
　36) Theodor Litt: Philosophie und Zeitgeist, S.14.

ともに，そうした世界観を批判しうる審級となりうるものにほかならない。その点では，『ナチス国家における精神科学の位置』における学問観が，ここでは「哲学」という「学問」に即して展開されていると見ることができるであろう。

このように『哲学と時代精神』は，それ自身すぐれたヘーゲル論としても読むこともできるが，ヘーゲル論という体裁は例の「カムフラージュ」であって，その本来のねらいがナチズム批判にあったことは，以上の通りである。学問が「ドイツ的学問」として「グライヒシャルトゥング（同質化，均制化）」（Gleichschaltung）の渦中にある中で，哲学も「ドイツ的」であることを高調することによって，ナチズムに取り入ろうとしていた。その意味において，リットの企ては，まさにそうした時流に真正面から対立するものであった。この点で，ファーレンバッハ（Helmut Fahrenbach）は，『哲学と時代精神』が有している意義について，次のように評している。

> Th. リットは，ヘーゲルに依拠して，「哲学と時代精神」の関係を明らかにし，しかも（すでにいくつかの著作においてもみられるように）あくまでその関係を批判的に考察しようとした。その点で，当時のナチスの世界観におもねようとした「世界観の端的な表現機能としての哲学」に，真向から対峙した。哲学をこのようなものにしようという動きに対して，Th. リットは泰然自若，しかも妥協のない客観性でもって立ち向かったのが極めて印象的である。それに対して同じ時期，チュービンゲンの M. Wundt と Th. Häring は，正に時代精神に棹さす形で，「ドイツ哲学」の諸々の価値と内容を糾合しようとしたのである[37]。

以上，ナチス期の初期の著作に限定してではあったが，リットが「学問」および「歴史」という視点から，いかにナチズムと対決しようとしたかを明らかにした。とはいっても，いかなる批判もそうであるよう

---

[37] ヘルムート・ファーレンバッハ著，細見博志訳「哲学に反映されたヴァイマル時代」フーベルト・カンツィク編，池田昭／浅野洋監訳『ヴァイマル共和国の宗教史と精神史』御茶の水書房，1993年，363頁。

に，リットの批判が万全であるというつもりはない。とりわけナチズムのような，ある意味ではごった混ぜの，思想と果たして呼べるかどうか判断しかねる代物を批判する場合には，いろいろな批判の視点が可能であり，それだけに視点を限った場合に，他の視点が欠落せざるをえない。リットの場合には，「学問」および「歴史」という視点から批判がなされたわけであるが，そこに限界があるといえば，そういうことになるであろう。そのために，たとえば「支配システムの政治的な構造や目標設定」[38]についての議論が欠けているとする批判が当然生じることになる（もっとも，たとえリットが政治的分析を試みたとしても，ナチス期の初期とはいえ，その試みは検閲のために日の目を見ることはなかったであろう）。けれども，ここで重要なことは，リットが両視点からの批判を通して得たと思われる根本洞察である。すなわち，真の学問も，真の歴史も，開かれた社会，つまり民主主義的な社会においてこそはじめて可能だというこの洞察である。学長就任講演「大学と政治」をもってはじまった「民主主義者」としてのリットの自覚の深まりは，このようにナチス期において決定的なものとなるが，しかしながら，彼が民主主義者として公然と活動しうるためには，『哲学と時代精神』からさらに10年という苦難の星霜を経なければならなかったのである。

---

38) Karl-Christoph Lingelbach: Erziehung und Erziehungstheorien im nationalsozialistischen Deutschland, S.252.

第 4 章
ドイツ精神とキリスト教

───────

　リットは，1937 年 10 月にライプツィヒ大学を退職した後も，「ナチズム」に対する批判を決して緩めることはなかったが，著作の上でそうした批判を企てた代表的なものとして挙げられるのが，38 年に公刊された『ドイツ精神とキリスト教』である。彼はこの書において，ナチズムのバイブルと称されたローゼンベルクの『20 世紀の神話』との対決を試み，それを通して，「ドイツ精神」と「キリスト教」の関係を問い直し，両者の「出会い」の重要性を強調しようとしたのである。そこで本章では，リットのナチズムとの対決のさらなる局面として，この『ドイツ精神とキリスト教』を取り上げ，この書のもつ意義について考えてみることにしたい。

第 1 節　ローゼンベルクの『20 世紀の神話』

　いわゆる「ナチズム」は，広義に解すれば，「ナチ党」（National-sozialistische Deutsche Arbeiterpartei）の運動・思想・体制を総称しているが，これを「思想」と見た場合，たとえそれが「政治的，経済的，宗教的，芸術的な偏見をむちゃくちゃに拾いあつめ，ごちゃまぜにしたごった煮」[1]であるにしても，あるいはむしろそのゆえにこそ，実に様々なものをそれの先駆思想もしくは類似思想として位置づけることができ

　1）ヘルマン・グラーザー著，関楠生訳『ヒトラーとナチス』社会思想社現代教養文庫，1963 年，40 頁。

よう。しかしながら，このナチズムの基礎づけに直接あずかり，いわばバイブルと見なされた書となれば，通常持ち出されるのが，ヒトラーの『わが闘争』，独自の農業哲学を説いたダレ（Richard Walter Darré）の『血と土』（Blut und Boden），そしてナチスの最大のイデオローグであったローゼンベルクの『20世紀の神話』である[2]。とりわけ，百万部以上売れたといわれるローゼンベルクの『20世紀の神話』は，ヒトラー自身は高い評価を与えなかったにせよ，「ナチの思想が凝集されていた」[3]と評されるものである。

　1930年に刊行されたローゼンベルクのこの書は，ゲルマン民族の卓越性を説いたチェンバレン（Houston Stewart Chamberlain）の『19世紀の基礎』（Die Grundlagen des 19.Jahrhunderts）の思想を拡大したもので，その内容全体を貫徹しているのが，「人種」（Rasse）と「血」（Blut）という視点にほかならない[4]。世界史をアーリア族とセム族の闘争，つまり「人種」の闘争の歴史と見るローゼンベルクによれば，アーリア族の純粋性は，これまで様々なセム的要素によって，たとえばユダヤ化された「キリスト教」によって破壊の危機に瀕してきた。したがって，異端者の侵入に立ち向かい，北方的人間の「血」を守ることが，ゲルマン民族の歴史的使命であり，そのためには，「キリスト教」のみならず，「ヒューマニズム」「民主主義」「平和主義」「世界主義」「ユダヤ主義」「マルクス主義」等といった反アーリア的な起源より発するものは排撃

　2）　これらの書はいずれも邦訳されているが，ヒトラーの『わが闘争』については，数種類の訳書がこれまで刊行されており，またダレの『血と土』およびローゼンベルクの『20世紀の神話』も，次のようにかつて翻訳されたことがある。ヴァルター・ダレエ著，黒田礼二訳『血と土』春陽堂，1941年。アルフレート・ローゼンベルク著，吹田順助／上村清延訳『二十世紀の神話』中央公論社，1938年。

　3）　クロード・ダヴィド著，長谷川公昭訳『ヒトラーとナチズム』白水社クセジュ文庫，1971年，87頁。

　4）　ローゼンベルクは，1893年に帝政ロシア領のエストニアにドイツ商人の子として生まれ，リガの工科大学で建築学を学んだ後，ロシア革命を経験したが，他方でドイツの敗北に衝撃を受け，またボルシェヴィズムに対する憎悪もあって，ドイツ本国に移った。1919年にナチ党に入り，21年には党の機関紙『フェルキッシャー・ベオバハター』の主筆となり，ヒトラー政権誕生の33年には党の外交局長に任命され，41年には東方占領地域相に就任した。しかし，この東部ヨーロッパでの犯罪行為のために，ニュルンベルクの国際軍事裁判では主要戦犯として有罪の判決を受け，46年に絞首刑に処せられた。ローゼンベルクについては，たとえば，フランク=ロタール・クロル著，小野清美／原田一美訳『ナチズムの歴史思想』柏書房，2006年，83-126頁参照。

されなければならないとされるのである。

　ところで，1936 年の外国講演の禁止を機に，ナチス当局との決定的対立を自覚したリットは，10 月 28 日付で退職申請書を提出したものの，諸般の事情で処置が引き延ばされたため，ようやく翌年の 10 月 1 日をもってライプツィヒ大学を去ることになる。だが，退職後もリットは，もちろん厳しい状況下にあったとはいえ，可能なかぎりナチスへの抵抗を試み，ナチズムに対する批判を緩めようとはしなかった，それどころかそれを強めようとさえした。この点に関して，レブレは次のように述べている。

> リットにあって人間的に極めて驚嘆に値し，極めて驚くべきことは，恐らく，彼が，なるほど個人的に非常に苦痛に満ちた退職の後でも，隠居するのではなく，さらに闘争的に公的な活動をしようとし，しかも，ますます激しくかつ直接的にナチズムと対決しようとしたことであろう[5]。

　この期の著作で，ナチズム批判を直接企図したものとなれば，まず何よりも 1938 年の「歴史的出会いの本質について」という副題が添えられた『ドイツ精神とキリスト教』を挙げるべきであろう。というのも，この書のねらいの一つは，まさしくローゼンベルクの『20 世紀の神話』に対する批判に置かれていたからである。

　この書は，文字通り「ドイツ精神」と「キリスト教」の関係について究明しようとしたものであるが，この書の内容に立ち入るに先立って，なぜこの時期に「ドイツ精神」と「キリスト教」の関係が問われなければならなかったかについて，一定の説明が必要となろう。それにあたっては，ナチスにとってそもそも「キリスト教」は本来相容れない存在であった，ということをまず押さえておかなければならない。とはいえ，ヒトラーのキリスト教の取り扱いは，最初の段階はある意味では慎重であった。たとえば，彼はかの『わが闘争』では宗教に対して中立の立場をとることを説いているし，政権獲得後も，道徳的生活の基盤とし

---

[5] Albert Reble: Theodor Litt, S.187.

てキリスト教を保護する旨を表明し，ヴァチカンとの間でコンコルダード（政教協約）を締結してもいる。しかしながら，これはあくまで表面的なポーズであって，キリスト教に対する攻撃は次第に強まり，それが1937年には公然としたものとなるのである。すなわち，この年に，法王ピウス11世は「深い憂いをもって」と題した回章をドイツ国内の大司教に送付し，その中で，人種や民族や国家の神格化は非キリスト教的であるとしてナチズムを非難したが，これにナチス政府はカトリック教会に対する憎悪に満ちた中傷でもって応じ，多数の修道士や聖職者を裁判にかけ，強制収容所に送り込むとともに，修道院や修道士学校を閉鎖し，神学大学や神学部を廃止に追い込んだ。また，「ドイツ的教会」に対抗して「告白教会」（Bekenntniskirche）を結成していたプロテスタント派に対しても，告白教会への献金禁止，神学大学の閉鎖，ナチスに批判的な牧師および教会弁護士の大量逮捕等の措置が相次いでとられ，告白教会の中心人物ニーメラー（Martin Niemöller）牧師が逮捕されるに及んだのである[6]。

　このように，新旧の両派のキリスト教に対する攻撃は，第2次世界大戦の勃発まで熾烈を極めることになるのであるが，反キリスト教的立場をイデオロギー的に用意したのが，とりわけローゼンベルクの『20世紀の神話』なのであった。「北方的な人種魂の憧憬に，国民神話の精神に添うて，独逸教会としてのそれの形式を与えることこそ，吾々の世紀の最も大いなる任務の一つである」[7]ことを確信するローゼンベルクにしてみれば，キリスト教的信仰ではなく，まさにゲルマン的な血への信仰こそ，ドイツ人にとって新たな真の信仰でなければならない。彼は次のように説く。

　　今日においては然し一つの新しい信仰，即ち血の信仰，血を以て人間そのものの神的なる本質をも擁護すべしという信仰が目覚めて来

　　6）　ナチズムとキリスト教の関係については，資料的にはとりわけ次の書の第4章「ナチズムとキリスト教」が参考になる。ワルター・ホーファー著，救仁郷繁訳『ナチス・ドキュメント』ぺりかん社，1982年，157-224頁。
　　7）　アルフレート・ローゼンベルク著，吹田順助／上村清延訳『二十世紀の神話』482頁。

た。北方の血が，古い聖餐礼の代用となり，かつそれを克服したところのかの神秘となっているという，最も明徹なる知識を以て具現されたる信仰が目覚めたのである[8]。

　その上彼は，非ドイツ的な由来をもつキリスト教は，新しい信仰の妨げになるばかりではなく，これまでもドイツ精神に資することはなく，ドイツ精神の「偉業」は，これすべてドイツ精神それ自身に基づくものであって，その一部たりともキリスト教の影響によるものではないと断ずるのである。

　以上のように，1930年代後半においては，ローゼンベルクの教説に基づいて，ナチスによってキリスト教が批判，さらには迫害にさらされ，これにともなって，「ドイツ精神」と「キリスト教」の関係を改めて問い直さざるをえない状況が現出していた。リットの『ドイツ精神とキリスト教』は，まさにこうした局面下で筆が執られたわけである。それでは，「誠実な研究ライバルには，どの現にある論争者も敬意を表するであろう」[9]というローゼンベルクのことばに応じつつも，ローゼンベルクの教説との正面切った対決を試みたリットは，どのように「ドイツ精神」と「キリスト教」の関係をとらえようとしたのであろうか。

第2節　人種理論の検討

　さて，リットの見るところによれば，「ドイツ精神とキリスト教」をめぐる論争の根底にある対立は，究極的には，ドイツ精神の偉業についてキリスト教の擁護者に対して突き付けられる，次のような反論に還元される。

　　これらの偉業が発したのは，キリスト教であって，むしろドイツ精

---

8)　同書，83頁。
9)　Theodor Litt: Der deutsche Geist und das Christentum. Vom Wesen geschichtlichen Begegnung(1938), Norderstedt/Leipzig 1997, S.19. アルフレート・ローゼンベルク著，吹田順助／上村清延訳『二十世紀の神話』IX頁参照。

神ではないことを，おまえはいかに証明しようとするのか。われわれとしては，この業という点で「偉大」と名づけられるに値するものは，ドイツ精神の範疇に入るのであって，キリスト教の範疇に入るのではないことを確信する[10]。

　この反論は，いってみれば，個別的な歴史的事実を越えた一つの解釈であって，したがって，この反論を吟味し，論争に決着をつけるには，単なる歴史的な考察者の立場ではなく，ましてや信仰者の立場ではなく，まさに「より原則的に問いうる」立場，いわば哲学的な立場に立たなければならない。そこで，この「より原則的に問いうる」ためには，上記の反論に含まれている「一般的前提」についての明確な説明がまずもって必要である，と考えるリットは，「われわれは，アルフレート・ローゼンベルクの労作において，望ましく明確に，と同時に，スタンダードと認められる形式をとって，この説明が述べられていることを見いだす」[11]として，ここにローゼンベルクの『20世紀の神話』を俎上に載せるのである。
　それにあたってリットは，ローゼンベルクの教説の根本見解を，みずからまず次のように整理する。すなわち，ある民族がなすことは，その民族の「人種的特質」において最初から与えられている「根本素質」から生じるが，この根本素質は，その核心を超歴史的な永遠不変の「根本価値」にもっており，民族の本質形態は，こうした根本価値によって，つまりは人種的に，すでに一義的かつ全面的に決定されている。それゆえに，民族の使命は，こうした根本価値を実現することであり，民族の歴史は，それがいかにドラマチックであるにしても，唯一の主題のヴァリエーションにすぎない。このかぎりにおいては，事態はすこぶる単純のようだが，現実はそうではない。というのも，民族がその根源的な在り方からずれることが起こりうるからである。その際，このずれは「自己破棄」「堕落」を意味している。したがって，民族の進行にとっては，根本価値を忠実に維持するか，あるいは根本価値の高みから落ちるか，

---

10) Theodor Litt: Der deutsche Geist und das Christentum. Vom Wesen geschichtlichen Begegnung, S.23.
11) ibid., S.24.

第 2 節　人種理論の検討

といういずれかの可能性が示されることになる。
　この両可能性の内，後者の可能性を現実化するずれの力はどこから来るかというと，その民族の本性にかなっていないものは，その民族そのものの内部には見いだすことはできないので，それは外部から来るしかない。人種的に決定されたはずの民族が，他の人種と接触し，この他の人種の価値を知り，それらを受け入れることによって，ずれが生じうるわけである。その場合，その民族が，受け入れたものを単なる「材料」のように取り扱い，これを自分の本性に適合するように変形するのではなく，そうではなくて，受け入れたものから強烈な影響を被り，みずからの本質性格を変容させるならば，それはその民族の自分自身からの転落である。しかしながら，このことによりすべてが失われてしまったと見なしてはならない。なぜなら，民族の本来の根本価値は，やはり永遠不滅であって，その民族に根源的にはめ込まれているので，たとえ忘却の淵に沈もうとも，やがて時が到来すれば，埋没から掘り起こされることができるからである。民族の破滅の危機にあっても，「人種の血」は依然として流れており，だからこそ，「血の力へのアピール」が民族に強く求められなければならないのである。
　このようにローゼンベルクの教説の根本見解を押さえたリットは，「ドイツ精神とキリスト教の関係」は，この根本見解よりするならば，最終的に判断は否定的にならざるをえないとして，こう述べる。

> キリスト教信仰は，ゲルマン精神が誕生した時に携えていた根源的所有物には属さず，非アーリア的民族世界の地盤で成長し，外から北方的精神を支配したという単なる事実が，事象の破滅性を証明するのに十分である。キリスト教救済論が，その内容のために，異議を唱えられうるかどうか――このことは，ぜひとも問われるには全く及ばない。キリスト教的救済論の由来が，人種を意識した北方的人間にとっては，それを受け入れがたくするに十分な証拠である[12]。

---

12)　ibid., S.28f.

しかし，果たしてこの判断は正当であろうか。この問いに答えうるためには，判断の前提となっているこの「人種的−民族的成立の図式」を検討に付す必要があるだろう。

それでリットが，この「人種的−民族的成立の図式」についてまず指摘しているのは，それが基本的に生物学的思考によって貫徹されているという点である。このことは，たとえば，「人種」という根本概念の使用において，また，あらかじめ規定された「素質」の発展とか「血」による類的類型の持続といった根本主張において明らかである。だがリットは，他方この図式が，かの「自己喪失のテーゼ」において，生物学的思考に従っていない点に注意を向ける。それは，どの動物も，いわば「類の理性」に服しており，そのために動物の本能や衝動は，その動物が類の形式から逸脱しないように，行動を指定しているのに，「人種的−民族的成立の図式」，つまり「人種理論」は，この逸脱を認めているからである。

> 人種理論は，人間に，自己責任的な形式喪失の能力があると思うことによって，人間以下の生命の世界が何も知らない可能性が人間にあることを認める。その可能性は，もちろん，そのことで人間が祝われない可能性である。なぜならば，その可能性は，自分自身を奇形化する，それどころか破滅させる能力に尽きるからである。この能力が与えられた存在として人間は，動物と違うのみならず，動物に対して甚だ遅れをとっているように思える。人間には，動物を最悪の性質をした自己損傷から守る確かな導きが欠けざるをえない[13]。

ここに人種理論を通して浮かび上がってくるとリットに思われるのは，「人間の特殊地位」という人間学的な問題である。人間が，他の動物とは違って，本能の導きに欠け，自然秩序からはみ出していることは，すでに「われわれの古典的な思想家たち」によって指摘されているところである。しかしその場合には，そうした特殊人間的なものは，人

---

[13] ibid., S.30f.

間の本質の一つの，唯一ではないにせよ，重要な表出と見られていた。しかるに，人種理論は，この特殊人間的なものを「自然法則的秩序に対する反対および反逆」としてしかとらえない。つまり，人間の本質はあらかじめ決定されており，それから逸脱することは，「反逆」にほかならないと考えるのである。けれども，次のように問わなければならないであろう。すなわち，人間の本質はあらかじめ決定されているのか，他の人間や民族との接触は同化か破滅しかもたらさないのか，このような接触によって本質が豊かに拡張する可能性はないのか，と。こうしてリットの議論は，ローゼンベルクの教説の検討を越えて，「人間的な本質形成の問題」へと展開するのである。

第3節　本質形成と出会い

「人間的な本質形成」といっても，ここで議論の対象となるのは，「民族」の本質形成であるが，しかしリットは，「民族共同体の本質が形成され，維持されるところの過程」を解明するに先立って，「個人」としての人間の本質形成のメカニズムについてまず明らかにしようとする。リットの判断では，人間個人の本質形成という「縮小されたモデル」を明らかにできれば，それを用いて，拡大されたケースである民族の本質形成についても説明できると思われるからである。

ところで，人間個人の本質形成ということを考えてみた場合に，「素質か環境か」という周知の二者択一に典型的に表現されているように，一般的には，「生得説」と「環境説」の2つの対立した説がさしあたっては浮かんでくる。前者は人間個人の本質形成の「原因」を人間の「内部」に，後者はそれを「外部」に求めている。リットは，心はいうまでもなく，すでに身体的表現において，「世界」が本質形成に決定的に関与していることから，「生得説」を否定しつつも，他方では，たとえば，かといって心は白紙ではなく，ある種の根本的規定性をすでに携えているとして，これまた単純な「環境説」をもしりぞける。彼は，「内部」でもなければ，「外部」でもない，いわば両者が交わるところに，つまり「運命」（Schicksal）とでも称すべき事柄に本質形成の原因を求める

のであるが，その説明にあたって彼が導入しているのが，この時期の思想界においてある種の流行を見ていた[14]，そしてみずからも1933年の『ナチス国家における精神科学の位置』ですでに触れていた「出会い」という概念にほかならない。

　それなら，リットにとって「出会い」とはいかなる事態を意味しているのか。彼によれば，「私と「出会う」ものは，私を……単に占有する鈍重な事実とは違ったものであり，それ以上のものである」[15]。私は，出会いの相手から，「私自身の自己に訴える呼びかけ」を聞き，それに対して応答しようとする。出会いは，外部からの「呼びかけ」と，内部からの「応答」のまさに呼応の関係において成立する。

　　私と汝とは相互的であるがゆえに，語の本来的な意味で私に「出会う」人間は，私がその人間にとって「運命」となるのと同じく，その人間は私にとっても「運命」となる。われわれの両者のいずれもが，それぞれなる者になるのは，まさしく，呼びかけと実現の交互作用，彼の者を私において，私を彼の者において，産婆的な援助者奉仕に任じる交互作用においてである[16]。

　こうした「出会い」は，人間相互の関係において顕著であるが，けれども私と出会い，運命となるのは，人間だけではない。芸術作品も，道徳的メッセージも，政治的イデオロギーも，宗教的教義も，ある種の課題も，そして自然も，私と出会うということがありうる。しかしいず

---

　14)　ボルノー(Otto Friedrich Bollnow)は「出会い」概念の発展を2段階に分け，その第1段階の最後にリットを位置づけて，次のように適切に述べている。「1938年にリットは，ある特定の精神的状況において，つまり，当時支配的であった政治勢力が歴史における「種に固有なもの」を絶対化しようとし，異民族とかかわることを，自分の本質がそこに証明されるかぎりにのみ認容しようとしたときに，強調された意味で「歴史的出会い」について語り，そのことによって，まさに異文化のもつ異質なものとの接触によって生じる豊饒化を際立たせた」(Otto Friedrich Bollnow: Existenzphilosophie und Pädagogik, 4.Aufl. Stuttgart 1968, S.93)。また，「出会い」概念は第2段階で様々な議論や論争を引き起こし，その際にリットがしばしば持ち出されることになるが，この点をも含めたこの時期の論議については，次のアンソロジーが参考になる。Berthold Gerner(Hrsg.): Begegnung, Darmstadt 1969.
　15)　Theodor Litt: Der deutsche Geist und das Christentum. Vom Wesen geschichtlichen Begegnung, S.35.
　16)　ibid., S.36.

れにしても,「出会いの多様性」を貫いて決定的なことは,出会いにおいて私は,出会いの相手によって外部から一方的に規定されるのでもなければ,あらかじめ私の内部にあって予定されていたものを単に実現するのでもない,ということである。だからリットは,「「出会い」と称されるに値するすべてで,「外か内か」という二者択一の問いはだめになる」[17]とするのである。

　リットの出会い論において特徴的なことは,晩年において詳しく展開される「人間存在の両義性」のテーゼを先取りするように[18],出会いが「恵みと呪い」「上昇と転倒」「完成と退化」のいずれをももたらしうるとされていることである。であるなら,様々な出会いの可能性の中で,私にとってプラスとなるような出会いを選択させる「尺度」なり「基準」が問題とならざるをえない。その場合,通常思い浮かべられるのが,「汝があるものになれ」という教えが示しているような,私の本質に合っているか,あるいは合っていないかという尺度である。当然のことながら,本質に合った出会いが求められ,本質に合わない出会いは拒否される。けれどもリットは,「「私に合った」,すなわち私にとってためになり,役立ち,促進的なものを,私がそのものとかかわり合う前に,私は確信することはできない。……出会いは,すでに保証された地盤の上で起こるのではない」[19]として,出会いの基準を私の内部に求める見解を否定する。私は,出会い以前にすでに本来あるものになるのではなく,出会いにおいてはじめてなるものになるというわけである。

　上記のような個人についてのモデルは,先に予想されたように,そのまま民族にあてはめることができるように思える。個人と個人の関係を民族と民族の関係にパラフレーズして,民族もまた「出会い」においてはじめて本質を形成すると見なせるようである。しかしながら,リットはただちにそのように結論づけはしない。というのも,ミクロな単位としての個人が,それ自身の内に「出会い」を含んではいないのに反して,マクロな単位である民族は,個人と個人の「出会い」そのものを

---

17) ibid., S.38.
18) Vgl.Theodor Litt: Mensch und Welt, S.98ff.
19) Theodor Litt: Der deutsche Geist und das Christentum. Vom Wesen geschichtlichen Begegnung, S.45.

それ自身の内に宿しており，このために，自足が認められない個人とは違って，場合によっては，他の民族との出会いなしに，みずからが内包している出会いだけで存在しうるからである。そこで問題は，「現実的に単に自分自身に勤しんでいるだけである民族共同体」が果たして考えられるのか，またさらには，「他者」(das Andere) との接触を欠いた民族共同体の在り方が望ましいものなのか，ということになるであろう。

確かに，今触れたように，ある民族が，他の民族との関係を拒み，他の民族との出会い無しに済ませることはありうることである。しかし，そのような民族であっても，「自然との出会い」の関係までも断ち切ることはできない。したがって，「あらゆる出会いが無くて済むものである」ということにはならないし，「他者」との出会いを不可欠とする以上，「現実的に単に自分自身に勤しんでいるだけである民族共同体」が望ましいものでないことも明らかである。

　　　たとえその実存においてでないにせよ，その本質形成において，外から立ち入りを熱望するものすべてに対して防御し，その全成長を自分の家計から支払うことが共同体に許されているのであれば——この境界閉鎖は共同体にとってためになるであろうか。……共同体は，邪魔されないだろうが，また未啓発のままであろう[20]。

この点に関連してリットは，宗教学者オットー (Rudolf Otto) が宗教的体験を説明するに際して導入した「全き他者」(das ganz Andere) という考えを持ち出しつつ[21]，共同体を越えた「全き他者」が，共同体に活力を与え，共同体そのものに内在しない新たなものを生み出し，共同体を成長に導くとするのである。

かくして，民族が他者との出会い，とりわけ他の民族との出会いに

---

[20] ibid., S.54.
[21] オットーによれば，「宗教的に神秘的なもの」を呼ぶにふさわしい「全き他者」(「絶対他者」とも訳される) とは，「ギリシャ語の thateron, サンスクリットの anyard, ラテン語の alienum, または aliud valde, 他者，奇怪なものであって，慣れているもの，理解ができるもの，親しめるもの，従って精通しているものの領域から脱出していて，それらに対立しており，そのゆえに人間の心情を全く驚きをもって満たすもの」(オットー著，山谷省吾訳『聖なるもの』岩波文庫，1968 年，45 頁) である。

第3節　本質形成と出会い

よって，その本質を形成するのであれば，民族の本質形成を内部原因説的にとらえるローゼンベルクの教説が支持されえないのは，ここに決定的となるだろう。と同時に，このことは，当然のことながら，「ドイツ精神」と「キリスト教」の関係についてもある種の帰結をもたらすことにもなるであろう。

ところで，先にオットーの「全き他者」に触れたが，リットによれば，そもそもキリスト教にあって特徴的な点は，此岸と彼岸，世俗的なものと神的なものが切り離され，こうした分離の中で，人間は「全き他者」としての絶対者に出会うとされているところに存する。そして，みずから「全き他者」の確信に生きるキリスト教が，今度はそれ自身が「他者」として，他の民族に立ち向かうことになったわけである。したがって，ドイツ民族にとっても，「他者」であるキリスト教はまさに「出会い」の相手であって，そのかぎりにおいて，すべて出会いがそうであるように，キリスト教との出会いがドイツ精神にプラスになるかどうかの「基準」はあらかじめ存在せず，キリスト教との出会いの如何を評価するためには，その結果に，とりわけ芸術や文学や思想等の「作品創造物」(Werkschöpfung) に拠らなければならない。

こうした「作品創造物」を見れば，ドイツ精神はキリスト教との出会いによって決して貧困化したのではないのは歴然としているが，問題は，これらの「偉業」が本来ドイツ精神に基づくものであるかどうかということである。この点について，一つの見解は，「基督教が吾々に文化を齎したのではなく，然し基督教の方でその永続的な価値をゲルマン的性格に負うている」[22]と説くローゼンベルクのように，ドイツ精神のアプリオリな卓越性を高調し，キリスト教的なものは，せいぜいのところ，ドイツ精神からの形成を受け入れる「材料」にすぎないと考える。出会いの本質を理解しないこの見解が，リットがとるところのものでないことは，いうまでもない。

　実際，出会いというものが，他方が失った分だけのみをそれぞれが獲得する2つの力の遭遇にほかならないならば——出会いにあっ

---

22) アルフレート・ローゼンベルク著，吹田順助／上村清延訳『二十世紀の神話』500頁。

ては，一方は他方を犠牲にしてのみ成長し，強力になりうるのであれば，その場合には，もちろん，議論の余地がある創造物のどれもは，キリスト教的かあるいはドイツ的かという，または少なくとも，どの部分がキリスト教的で，どの部分がドイツ的かという二者択一の問いのもとに置かれざるをえないであろう。だが，決められて増えない財産をかかえた2つの競い合う力が，競争において，できるかぎり大きな分け前を自分に保証したいということは，断じて出会いの精神ではない。範囲や深さが測りがたい精神的存在が，一方をして他方の中に自分を見いださせしめ，自分を豊かにさせ，自分を成長させるが，その際この他方に犠牲を求めるのではなく，この他方を実現させるということが，精神的存在の奇跡である[23]。

ドイツ精神の偉大な作品が，キリスト教とかかわりなく，あるいはキリスト教を「材料」にして成立したのではなく，キリスト教とのまさに出会いの結果誕生したのであれば，それら作品が，これまたローゼンベルクが説くように，ドイツ民族にあらかじめ内在していた「根本価値」の実現とする見解も崩れざるをえない。ローゼンベルクがドイツ的な根本価値の実現と見るものも，実のところは，キリスト教との出会いによってはじめてそのプロフィールを獲得したのである。

キリスト教的なインスピレーションと作品的なインスピレーションが，偉大で真正なものの創造において，いかに完全に提携しているかということの証拠は，われわれの論争の連関の上で再三再四呼び出されるあらゆるドイツの人間や作品である。ヘーリアント，バルジヴァル，グリュネヴァルト，デューラー，バッハ，ブルックナー，マイスター・エックハルト，クザーヌ，礼拝堂，聖堂，キリスト磔刑像，マリア像――要するに，切り離せない統一においてドイツ的およびキリスト的にわれわれを見つめるすべてである[24]。

---

23) Theodor Litt: Der deutsche Geist und das Christentum. Vom Wesen geschichtlichen Begegnung, S.63f.
24) ibid., S.68.

第3節　本質形成と出会い

　ドイツ精神の偉業はキリスト教との出会いに負うところが大であるのを認めるならば，ナチズムが企てているように，キリスト教を否定することは間違いということになるであろう。かくしてリットは，まさにナチズムに真っ向から挑戦するように，ここにキリスト教の存在意義を，もちろん信仰者としてではなく，人間存在の考察者として，全面的に肯定する立場を鮮明に打ち出す。

　　われわれが知っているように，キリスト教精神の息吹なしには成立しないだろう創造物を称えると同時に，キリスト教そのものを否定することは，明らかな矛盾である。そして，キリスト教志操がとにかく深くかつ消しがたく食い込んでいる民族的実体の健全さを頼りにすると同時に，キリスト教を有害な重荷のように払うことは，いよいよもって耐えられない矛盾である[25]。

　キリスト教がいかに西洋世界において絶大なる影響力をもってきたかは，たとえば「キリスト教の天才的憎悪者」であるニーチェという「極限事例」をとってみても明らかである。なぜなら，ニーチェのキリスト教に対する闘争は，ニーチェ自身がそれだけキリスト教に浸透されていたことを逆に物語っているからである。
　『ドイツ精神とキリスト教』の最後でリットは，「キリスト教的人間学」（die christliche Anthropologie）ということに言及している。その場合，「キリスト教的人間学」ということで直接リットの念頭にあったのは，この時期ナチズムに果敢に抵抗を試みていた「弁証法神学」（Dialektische Theologie）の人間観であったと思われるが，いずれにせよ，人間は「他者」に依存していると見るのが「キリスト教的人間学」の立場である。これに対して，人間は自足しているとする人間の自己理解，つまり「「フマーンな」（human）自己理解」が存在する。たとえば，フマニスムスの人間解釈はそうであるし，他民族との出会いを拒否するローゼンベルクの教説もこの部類に入る。したがって，問題を掘り下げるのなら，そもそも「自己」である人間と「他者」との関係をいかに考

---

[25]　ibid., S.74.

えるか,という人間学的なレベルに踏み込まざるをえない。この関係についてのリットみずからの究明は,当時着手されつつも,第2次世界大戦後にようやく公刊の運びとなった,『人間と世界』と題された哲学的人間学の書に委ねられることになるのである[26]。

第4節 「他者との出会い」論の意味するもの

以上,『ドイツ精神とキリスト教』についてその内容を見たわけであるが,この書の全体を通してリットがとりわけ主張しようとしたのは,人間的本質は,個人であれ,共同体であれ,「他者」との「出会い」において形成される,ということであった。もっとも,人間的本質は,内因的にあらかじめ決定されているのでもなければ,外部から一方的に形式を受け取るのでもなく,内的素質と外的環境が交差するところに形を得るというテーゼは,すでに『個人と共同体』において詳細に取り上げられているし[27],その教育学的帰結についてもヴァイマル期の著作において論じられてはいる[28]。ただ,『ドイツ精神とキリスト教』のユニークさは,こうした根本テーゼをナチス支配という政治的文脈の中で展開するとともに,新たに「他者との出会い」という視点を導入したという点に求められるだろう。この書の何にもました普遍的な意義は,まさにこの「他者との出会い」論を開陳したところにあると見てよい。特に今日的見地よりすれば,その「他者」概念には傾聴すべき多くの点を含んでいるといわなければならない。

ここで「他者」に関するリットの見解を取りまとめてみると,昨今の他者論においてもしばしば力説されていると同様に,リットにあっても,「出会い」の相手となる「他者」は,単に物理的に隔たったものではなく,自己の外部にある自己とは異質なもの,「私の現存在圏にはも

---

26) Vgl.Theodor Litt: Mensch und Welt, S.11ff.
27) Vgl.Theodor Litt: Individuum und Gemeinschaft(1919), 3.Aufl. Leipzig/Berlin 1926, S.207ff.
28) 典型的なものとして次の著作を挙げることができる。Theodor Litt: Das Wesen des pädagogischen Denkens(1921), in: Führen oder Wachsenlassen, S.83ff.

第4節 「他者との出会い」論の意味するもの　　　　　　　　95

ともと属さない，むしろ独自の血統で自分自身に属するもの」[29]を意味している。したがって，見かけの上で違ってはいても，本質的に自己と同一的なもの，つまり「私のようなもの」(meinesgleichen) は，本来の意味での「他者」ではありえない。ラディカルに表現すれば，「他者」とは自己とコードを同じくしないもの，いわば「自分と言語ゲームを共有しない者」[30]である。この点において，リットは「パートナーの非同一性」に「出会い」の「不可欠の条件」を見いだしているのである。

　と同時に，リットにとって「他者」は，非同一的なものとして「私の現存在圏」の外部にとどまり続け，自己に背を向けているのではなく，自己に「向かい合うもの」(Gegenüber) である。そしてそれは，まさにキリスト教がそうであったように，「刺激する−異質なもの」「挑発し−逆説的なもの」として，私の現存在圏に「侵入」し，「驚嘆」「憤激」「軽蔑」あるいは「無条件の帰依の感動」を呼び起こしうるものである[31]。そのかぎりにおいて，「他者」は，「自己」の存在基盤を揺さぶり，場合によっては解体しかねないのであって，決して自己の形式を押しつけられるような「材料」とか，「自己」の形式の発展のために必要な「刺激」ではない。

　しかしながら，リットが「他者」について最も強調するのは，繰り返すことになるが，「他者」が自己の本質を形成し，自己の成長をもたらすという点である。

> 私は，「違っているもの」であるのみならず，私とは「異なっている」ものとの交わりにおいてのみ，成長し，成熟することができる。なぜならば，私と同じでないもののみが，私がいまだないものであり，私にはないものをもちうるのであるからである。この「他者存在」が対立へと尖鋭化し，私を矛盾として存在の深みから挑発する場合ですら，私の自己は，豊かに強固なものとなって，出会い

---

29) Theodor Litt: Der deutsche Geist und das Christentum. Vom Wesen geschichtlichen Begegnung, S.38.
30) 柄谷行人著『探究』講談社学術文庫，1992年，11頁。
31) Theodor Litt: Der deutsche Geist und das Christentum. Vom Wesen geschichtlichen Begegnung, S.60.

から現れるだろう[32]。

　このことは，当然のことながら，リットの「他者」概念が陶冶的意義を含みもっていることをほかならず示している。まさしく，「陶冶は……心的成長あるいは心理的構造化の事象としてではなく，「他者」と陶冶主体との継続的直面および対決として見られなければならない」[33]ということになるのである。

　ともあれ，リットの『ドイツ精神とキリスト教』は，「他者」との「出会い」を拒否し，「同質化」（Gleichschaltung）を推し進めようとするナチスにとってみれば，苦々しいものに映ったにちがいない。それが証拠に，ナチスの教育学的イデオローグの一人であったボイムラーは，この書を座視でないと見て，早速「テーオドール・リットとの出会い」（Begegnung mit Theodor Litt）という揶揄的なタイトルを冠した反撃文を公表するに及んだのである[34]。このことからも，ローゼンベルク批判を企てたこの労作が──こうした内容の著作物をあえて公刊すること自体が，当時においては非常に勇気のいることであった──ナチスのイデオローグたちにある種の打撃を与え，学的世界における「抵抗運動」の一つになったことは明らかであろう。この点について，たとえば次のように述べられている。

　　抵抗運動は小規模であったが広範囲にわたった。ハイゼンベルク，ザウエルブルッフおよびカール・ボッシュはナチ形而上学による物理学の破壊に対する延命工作を行った。神学の分野ではブルトマンやゾーデンらがいっそう用心深く，追放されたカール・バルトと同調した。教育者の間ではシュプランガーがその地位を退き，リットが公然とローゼンベルクの不変の人種概念に挑戦した[35]。

---

32) ibid., S.43.
33) Friedhelm Nicolin: Theodor Litt und der Nationalsozialismus, S.131.
34) Vgl.Alfred Bauemler: Begegnung mit Theodor Litt, in: Weltanschauung und Schule 2, 1938, S.244ff. ボイムラーのこの反撃文については次の書に詳しい。田代尚弘著『シュプランガー教育思想の研究』215-219 頁参照。
35) リヒアルト・グルンベルガー著，池内光久訳『第三帝国の社会史』彩流社，2000 年，375-376 頁。

それとともに，政治教育思想的に見るならば，1931年の「大学と政治」をもってはじまった「民主主義者」としてのリットの自覚の深まりが，必ずしも「民主主義」という語が見えるわけではないものの，この『ドイツ精神とキリスト教』において決定的となった，ということが是非とも指摘されなければならない。なぜならば，「民主主義」というものを，デューイ（John Dewey）が語るように，単なる政治形態ではなく，それ以上のもの，つまり「共同生活の一様式」と理解し，その基準の一つを「他の社会集団の形式との相互作用がどれほど充実し自由であるか」というところに求めるならば[36]，他者との出会いを積極的に受け入れ，その相互作用を推し進める社会，つまりは自己閉鎖的ではなく開かれた社会こそ，まさに「民主主義」の名に値する社会といえるからである。その意味で，「民主主義の哲学と教育学」として後日に開花する晩期リット思想は，すでにこの『ドイツ精神とキリスト教』において胚胎していたと見てよいのである。

---

[36] John Dewey: Democracy and Education, The Macmillan Company, 1966, p.83.

第 5 章
国家暴力と道徳

―――――

　ナチス期は「暴力」（Gewalt）支配の時代であった。1942年にリットは一書を著したが，それは『国家暴力と道徳』と題されている。この書においては，「暴力」，そして「国家暴力」が，人間の「自由」に発しており，したがって「道徳的抑制」を必要としていることが主張されるとともに，こうした抑制を否認する「自然主義」（Naturalismus）の典型例として，ヒトラーの『わが闘争』が俎上に載せられている。本章では，特にこの『国家暴力と道徳』を取り上げることによって，リットのナチズム批判の最終局面を明らかにすることにしたい。

第1節　ペスタロッチの人間学

　『ドイツ精神とキリスト教』を上梓した1938年にリットは，ブレーメンで開催された「プロテスタント協会」（Protestantenverein）の会議で講演を行い，翌年この講演の原稿に手を加えて『プロテスタンティズムの歴史意識』（Protestantisches Geschichtsbewußtsein）という著を公刊した。この著は，後に「プロテスタンティズムの歴史意識の表現としてのペスタロッチの人間学」（Pestalozzis Anthropologie als Ausdruck protestantischen Geschichtsbewußtseins）と改題されて，リットのペスタロッチ論文集『生けるペスタロッチ』（Der lebendige Pestalozzi）に収められることになるが，この改題されたタイトルから推察されるように，そこでテーマとなっているのは，いわゆる『探究』（Nachforschungen）

において展開されたペスタロッチの人間学思想である。この著が,『探究』に注意を促すことによって,当時にあってペスタロッチ研究の新機軸を打ち出したことは,周知のところである。と同時に,ナチスが暴威を振るっている時期に書かれたこの著は,すぐれて政治哲学的なある種の問題についての議論を含むものともなっているのである。

さて,この著でまずリットが描出しているのは,プロテスタンティズムが直面している問題状況である。すなわち,プロテスタンティズムは,ドイツ観念論におけるように,歴史に神の支配を見ることによって,この世界に重要な意義を認めるか,それとも,このような解釈に対して弁証法神学が論じ立てたように,歴史やこの世界に重き価値を置かずに,あくまでも彼岸を唯一決定的なものと考えるか,つまり「現世の美化」(Weltverklärung)か「現世の空虚化」(Weltentleerung)か,という二者択一に直面している。しかし,リットの見るところによれば,このような二者択一は誤っており,この点をまさしく克服しようとしたのが,『探究』におけるペスタロッチにほかならなかったのである。

リットは,ペスタロッチ人間学の特質の解明にあたって,この人間学がある根本的な特徴においては,つまり「弁証法的思考」(das dialektische Denken)という点においては,ドイツ観念論と軌を同じくしているとまず指摘する。

> 「弁証法的」思考は,「悟性」が正しく評価することのできない対立や矛盾を把握することが重要な場合にいつも始動させられる。それはこの悟性の思考形式と正反対に展開する。……弁証法的思考の責務は,矛盾を把握することであるが,そうした矛盾は,永久に分離されかつ互いに閉ざされた審級または領域に分けられるのではなく,その矛盾性を損なうことなく,それ自身において緊張を保った統一へと一つになるものである。弁証法的思考は,相反するものを,こわばって近づけない状態で別々にしておくのではなく,内的克服によって互いへと移す対立について知っている。……ところでわれわれは,この弁証法の精神によって,ペスタロッチの作品が

……規定され，支配されているのを見る[1]。

　実際，『探究』にあっては，たとえば「自然的」(natürlich)，「社会的」(gesellschaftlich)，「道徳的」(sittlich) という人間の3状態が，その対立性において，しかも，外的に分離され硬直化した関係ではなく，相互の絡み合いの関係において文字通り「弁証法的」に把握されているのである。

　だが他方でリットは，ペスタロッチは，その根本的な歴史観・人間観においては，ドイツ観念論と見解を決定的に異にしているとして，この相違をとりわけ「否定的なもの」(das Negative) のとらえ方そのものに求める。すなわち，ドイツ観念論にあっては，「否定的なもの」は，ヘーゲルにおいてそうであるように，究極的には「和解」(Versöhnung) へともたらされるのに対して，ペスタロッチの場合には，それは決して和らげられたり，止揚されることはない。そして，ここでリットは，ペスタロッチ人間学全体を覆っている人間存在の「両義性」(Zweideutigkeit) を指摘するのである。この「両義性」(後には「アムビヴァレンツ Ambivalenz」とも称される) という概念は，第2次世界大戦後の1948年に出版される『人間と世界』において集大成を見るリット人間学の根本概念となるものであるが[2]，この概念そのものは，たとえば国家暴力の「両義性」として，「公民教育の哲学的基礎」等のヴァイマル期の著作にすでに見られるにしても，彼が本格的に人間存在の「両義性」について語るのは，このペスタロッチ論が最初であると判断される。

　しかも，リット人間学において繰り返し強調される，「両義性」と「自由」(Freiheit) が表裏一体であるというテーゼが，たとえば次のように，ここですでに先取りされて述べられている。

　　ある態度が「自由だ」と称されてよいための条件とは何か。この態度は，すでにそれ自身その方向が一義的に定められているのではなく，したがって「違った風にもありうる」意志の決断から生じなけ

---

1) Theodor Litt: Der lebendige Pestalozzi (1952), 3.Aufl. Heidelberg 1966, S.36f.
2) Vgl.Theodor Litt: Mensch und Welt, S.98ff.

ればならない。意志が違った風にもありえないならば，それはどうして自由だと称してよいだろうか。意志が，個々の場合に，よきもの，価値あるもの，規範に合うものに向けられているにしても，この態度が「自由な」決断の貸方に記入されてよいのは，悪しきもの，価値に背くもの，規範に合わないものも決断の地平に競争目標として見えることができたという前提においてのみである。……それゆえに，人間について次のことがいえる。「人間は，その意志によってものが見えるが，またその意志によってものが見えない。人間は，その意志によって自由であり，その意志によって奴隷である。人間は，その意志によって正直であり，またその意志によって悪党である」。この意味において，「両面性」「両義性」は，端的に，人間が意欲し行為する主体として投げ置かれている状況の本質をなしている[3]。

　こうした「両義性」は，リットによれば，ペスタロッチにあっては特に「社会的状態」において顕著に看取されている。つまり，「ペスタロッチは……あらゆる人間的なものの両義性をわけても国家的‐社会的現実の領域で追ったのである」[4]。すなわち，ペスタロッチは一方では，「現世に密着したリアリズム」(ein erdnaher Realismus) に立って，国家的・社会的秩序の必要性を認めつつも，他方ではこのような秩序が裏面をもつことを容赦なく指摘している。

　　彼は，財産や社会的影響や権力によって優遇された者がさらされている心の緩みや誘惑を見る。彼は，広範囲にわたる意のままにする権力を享受する状態に人間があるところならばどこでも現れる悪用や思い上がりへのそそのかしを見る。彼は，死物あるいは人間以下の生命に対してだけでなく，同胞に対しても何らかの意味で権力をもっている者を特に，どのような誘惑が脅かすかを見る。彼は，人間を支配している者をそそのかして，その者に服従している者に自分の優位を徹底的に思い知らせることをさせるかの欲望のぞっとす

---

[3] Theodor Litt: Der lebendige Pestalozzi, S.43f.
[4] ibid., S.44.

第 1 節　ペスタロッチの人間学　　　　　　　　103

るような暴力について知っている[5]。

　ペスタロッチにとって，こうした誘惑は，単なる表面的な現象ではなく，人間存在のまさに本質に根差しているのであって，それゆえに彼は，「人間性の根本は，社会生活のあらゆる事態において，いつも同一のものであり続ける」といって，「人間的迷妄の恒常的同一性」について語ったのである。
　このような人間存在の両義性は，社会的状態にとどまらずに，芸術や学問，道徳や宗教にも見受けられることになる。いわゆる「道徳的状態」においても，人間は両義性から免れることはできないのである。

　　……両義性の領域から免れていると思われる人間の態度ですら，極めて矛盾に満ちた仕方で，この領域に陥っていることが示される。デモーニッシュな自己転倒の可能性からそれ自身守られているような人間の態度のいかなる形式も様態も全く存在しない[6]。

　ペスタロッチも，ドイツ観念論も，同様に人間存在に「否定的なもの」を見るのであるが，後者がそれを和らげ，止揚しようとするのに対して，前者にあっては，否定的なものはその状態にとどまり続ける。だからリットは，「精神の傷は，傷跡を残さずに治る」というヘーゲルのことばは，ペスタロッチには絶対書けなかったであろうという。同じ弁証法といっても，人間存在の両義性が決定的であることを強調することによって，ペスタロッチはドイツ観念論と全く違う行き方をするわけである。
　こうして，「あらゆる人間存在の本質的で永久的で克服できない両義性や誘惑可能性」を確信するペスタロッチの人間学は，ドイツ観念論の人間観と袂を分かつことによって，キリスト教の，特にプロテスタンティズムの世界理解の表明であることが判明する。しかし，リットの理解するところによれば，本来プロテスタンティズムは，人間の未完成のために現世拒否に陥るのではなく，「地上の空間でなされるあらゆる努

---
　5)　ibid., S.42.
　6)　ibid., S.46.

力の未完成性への洞察」と「有限な力がとにかくなすものをこの空間で改善し，実行し，創造しようとする決意」を一つにしようとする。ペスタロッチも同様である。

> 彼は，「社会的状態」に，この状態に本質的に付着し，かつ決して抹消できない疾患を診断するのであるが，彼はまさにこの疾患の重さから，原則的に可能なものの枠内で，この疾患の軽減と浄化に対して，とにかく人間の力でできることをなすべきだという人間の良心への訴えを取り出す[7]。

したがって，プロテスタンティズムにとって，「現世の美化」も，「現世の空虚化」も，いずれもその本来の意図よりすればふさわしくなく，ペスタロッチの人間学は，こうした二者択一を克服しているという点において，まさしく「プロテスタンティズムの歴史意識の表現」なのである[8]。

リットのこのペスタロッチ論の最大の力点は，1939年という時期を考えると，「社会的状態」における人間存在の両義性に置かれていたと思われる。恐らく彼は，このような両義性の指摘を通して，ナチズムの権力構造を批判しようとしたのであろう。だが当時にあって，そうした批判をストレートに表現することはできなかった。リットは1946年に再度ペスタロッチ論を著すことになるが，そこでは人間存在の両義性，とりわけ政治における両義性が正面切って論じられているのである[9]。

もっとも，すでに触れたように，政治における両義性については，国

---

[7] ibid., S.52.

[8] このペスタロッチの人間学については，次の拙著で取り上げておいた。宮野安治著『リットの人間学と教育学』25-31頁。

[9] ペスタロッチ生誕200年を機縁に書かれた「ペスタロッチ」(Pestalozzi) と題された論文で，リットは，「われわれが，彼（ペスタロッチ──引用者注）が最悪の逸脱の根源をまさしく，その火山のような爆発がわれわれ今日の者を打ち砕いたところの人間行為の領域，つまり政治の領域にいかに見いだしているのかを聞くならば，一人の予言者が語るのを耳にするようにわれわれは思う」(Theodor Litt: Der lebendige Pestalozzi, S.66)と述べ，政治における人間の自己転倒について詳論している。なお，リットにとってペスタロッチのもつ意義については，宮野安治著「リットのペスタロッチ論」大阪教育大学大学院学校教育専攻教育学専修『教育学研究論集』第5号，2007年8月，27-39頁参照。

家暴力の両義性として，ヴァイマル期の国家論ないしは公民教育論において問題とされてはいた。そこではリットは，国家を，マキアヴェリ的に「暴力」の面からと，グロティウス的に「法」の面からの両面からリアルにとらえ，したがって，暴力を国家の本質契機と見なし，この国家暴力にかかわって，「暴力は，法に仕えて，精神的財世界の保持のために行使されるところでも，危険で誘惑の多い両義性を有した行為であって，それを使う者をつねに新たに，もはや精神に仕えない衝動性への転落でもって脅かしている」[10]と指摘していた。こうした国家暴力の両義性についての思いは，ナチズムの国家体制において決定的に強まったにちがいない。かくしてリットは，ナチス圧政下において，「国家暴力」（Staatsgewalt は「国家権力」とも訳されるが，リットの場合 Gewalt の一形態として Staatsgewalt が論じられているので，「国家暴力」ということにする）の問題に主題的に取り組むことになるのであるが，その結実が 1942 年に執筆された（しかし，出版は戦後の 1948 年となった）『国家暴力と道徳』と題された書だったのである。

第 2 節　自由と暴力

　この『国家暴力と道徳』という書においても，国家の本質契機を「暴力」と「法」の両者に求める点では，ヴァイマル期の国家論と基本的にスタンスには変わりはないものの，ここでリットが焦点的に論じようとするのは，その書名が示しているように，「暴力」という契機であり，この「国家暴力」に対する「道徳」の関係という問題である。まさにナチス体制下において，「人間が人間を攻撃し，傷つけ，暴力を加え，それどころかついには絶滅させる無数の行為」を目の当たりにしたリットは，「これら一切は道徳的視点のもとで非難されるのか，疑わしいのか，許されるのか，それどころか必要なのか」を問おうとするのである。では，この『国家暴力と道徳』の具体的内容はいかなるものか。
　さて，リットによれば，そもそも「暴力行使」（Gewaltausübung）と

---

10) Theodor Litt: Die philosophischen Grundlagen der staatsbürgerlichen Erziehung, S.79.

いう形式は，人間界のみならず，広く動物界に認められるが，人間以外の動物の場合には，暴力は原則的に他の動物に対して行使され，同類に向けられるのは例外的であるのに対して，人間にあっては，暴力行使は，他の動物以上に同類，つまり人間を相手になされ，しかもこの同類に対する暴力行使はとどまるところを知らない。これは，動物が「自然」という力によって，そのふるまいが一義的に規定され，類の維持のために，いわば「類の理性」によってコントロールされているのに，しかるに，「自然が手を引いた存在」である人間は，つねに多数の可能性に直面し，それら可能性においてみずから決断することを求められているからである。

　　人間が絶えず，あらかじめ決まっていない決断の状況に置かれている状態にあるということ，このことがまさに人間の「自由」である。そしてまた，同類に対する暴力行使の可能性も，この人間の自由に委ねられている[11]。

　したがって，人間の「暴力」は人間の「自由」と深く関係することになるのであるが，ここでリットは「自由」概念に吟味を加える。というのも，リットが提示する「自由」概念は，カントあたりに代表される伝統的なそれとは相容れないように思われるからである。伝統的な自由概念にあっては，人間の意欲や行為の中でも，道徳的に肯定に値するものだけが「自由」であり，これに対して，道徳的要求の実現を妨げられた「不自由な」意欲や行為は，「自然的な」原因（たとえば自然的な衝動や欲望）に基づくものであるとされる。だとすれば，「暴力行使」という行為も，道徳的に肯定される「自由な」暴力行使の行為と，自然的な原因によって引き起こされる「不自由な」暴力行使の行為に分けられ，しかもその場合，後者の行為は，自然性の領域に属している以上，道徳的判断を越えた「善悪の彼岸」に位置することになる。けれども，リットの考えでは，人間の行為に，自由な行為と自然に起因する行為があるのではない。そうではなく，人間の行為は，それが人間の行為であるかぎ

---

11) Theodor Litt: Staatsgewalt und Sittlichkeit, München 1948, S.28.

り，自然性の領域を脱しており，決断による自由な行為であり，このために，絶えず道徳的責任を問われざるをえない。

　　唯一の方向に固定されているのではなく，また単に選択のための様々な方向を眼前にしているのではなく，直接対立し合っている方向の相剋に対して決断しなければならないことが，まさしく自由の本質をなしている。自由は絶えず肯定と否定に直面しており，再三再四岐路に立つ。自由の本質は，自然の決して揺るがない一義性とは厳しく違って，両義性，つまりアムビヴァレンツである。このアムビヴァレンツからのみ，人間生活において道徳的判断に帰せられる深い意義が説明される[12]。

　ここにリットは，前にも触れた「両義性」ないし「アムビヴァレンツ」概念を導入し，人間のどの行為も「アムビヴァレンツ」の支配下にあり，それゆえに，暴力行使の行為も「アムビヴァレンツ」における自由な行為であるとするのである[13]。
　けれども，暴力行使が自由な行為であることによって，「自由」と「暴力」の関係は複雑なものとなる。なぜなら，自由な存在である人間は，自由より発する暴力行使によって，他の人間の自由を制限しさらには剥奪することができるからである。「自由と反対のことを現実になすことが，人間の自由に委ねられている」[14]というわけである。そこで，「道徳的厳格主義」が自由の擁護のために暴力の無条件的放棄を唱えることになる。しかしながら，この種の絶対的非暴力主義に対して，リットはあえて次のようにいう。

　　……人間が同類への暴力行使を放棄しようとしないだけでなく――人間は外的な理由からのみ暴力行使を放棄することができないだけでなく――否，人間は暴力行使を放棄すべきではないことが示され

---

　12) ibid., S.31.
　13) リットの「自由」概念については，宮野安治著『リットの人間学と教育学』88-94頁参照。
　14) Theodor Litt: Staatsgewalt und Sittlichkeit, S.33.

る。というのも，この放棄は人間の使命の実現を妨げるであろうからである。それどころか，この放棄は，道徳的厳格主義のとりわけ心にかかっているものの展開，すなわち人間の自由の展開をまさしく人間に不可能にするだろうからである。人間は，最高の道徳的要求に照らして考察すれば，自由でありうるためには自由を強制によって妨げなければならない存在として姿を現す。そして，この必要性が目に見えてくるのが，まさしく人間の国家である[15]。

かくしてリットにとっては，国家的暴力行使が不可避ということになるのであるが，こうした国家的暴力行使は，まず秩序の維持のために必要である。国家は，国家内部における攪乱に対して，国家外部からの侵略に対して，暴力を用いざるをえない。とりわけ国家内部的には，秩序を破壊する暴力行為は禁止されるが，この禁止された暴力行為を阻止する暴力行為は是と，それどころか必要とされる。しかのみならず，国家的暴力行使は，そもそも秩序の樹立のために必要である。人間的国家秩序は，いわゆる「動物国家」の秩序のように，最初から「所与」として存立しているのではない。「逆巻く波」から秩序を打ちたて，「内部と外部」，「肯定と否定」の区別をつくり上げなければならない。そのためには，暴力という手段が最も効果的であろう。

> 暴力のみがどの反対をも黙らせることばを話す。議論の余地のない事実のことばである。無敵の暴力のみが……肯定と否定を定めるのに十分強力である。したがって，暴力のみが，そのようにひどく混乱した状態に現実的な秩序を与えることができる[16]。

加えて，暴力行使は，新しい秩序の誕生のためにも必要である。これまた「動物国家」の秩序とは違って，いかなる永続的な人間的秩序も存在しない以上，古い秩序は新しい秩序に取って代わられる。この新しい秩序の成立に，暴力は決定的に関与するのである。

さらにいえば，暴力行使は，秩序のためだけでなく，人間の精神的営

---

15) ibid., S.34.
16) ibid., S.44f.

為のためにも必要である。「暴力の庇護のもとで，その最も内的な本質に従えば暴力の反対物であるものが高まり生じる」[17]。先に秩序の樹立のために暴力が必要であるといわれたが，秩序の樹立は，暴力行使を特定の人物や制度に集中することを結果する。この暴力の集中によって，集中化された暴力に服する者は，ある意味で暴力の喧騒から，全面的ではないにしても，解放され，暴力の保護のもとに，みずからの生業に勤しみ，精神的創造活動に専念することができるのである。いずれにしても，こうしてリットにおいては，暴力は，人間にとって必然的で，人間の本質に属するものとまずは把握されるわけである。

第3節　暴力のデーモンと道徳的良心

　すでに述べたように，人間の暴力行使は，動物の場合のように，「自然」によって一義的に規定され，コントロールされているのではなく，「自由のアムビヴァレンツ」に発し，それゆえに，道徳的判断の対象となり，人間みずからによる制御が求められるとともに，他方では，手綱が緩めば際限を知ることがない。すなわち，いつどこで何を相手に，そしてどこまで暴力を振るうかは，つねに人間の自由に委ねられている。暴力を全く用いないでおくこともできるし，絶滅にいたるまで暴力を行使することもできるのである。人間の暴力行使の必然性を説いたリットが，そしてナチスによる暴力の極限状況を体験した彼が，次いで取り上げるのが，先のペスタロッチ論でも触れられていた，「暴力行使の欲望」のおぞましさ，つまり「暴力のデーモン」（der Dämon der Gewalt）の問題にほかならない。

　この「暴力のデーモン」は，リットの見解では，人間の暴力行使がやはり同類に向けられる場合に出現する。その場合，暴力は最初は他の人間を服従させるために投入されるが，しかし，「暴力のデーモン」は，その誘惑に陥った権力所有者を，「同じランクの同じ生存の権利をもった存在を文字通り現存在から抹消する」までに駆り立てる。だが，人間

---

[17]　ibid., S.54.

から生命を奪うことは，本来，人間にその生命を与えた者，つまり神のみにその権限があるはずである。「絶滅のラディカルな行為」は，「創造のラディカルな行為」とセットになって，はじめて許されよう。けれども，人間の状態はそうではない。

  人間の状態は……この 2 つの行為の内，一方の行為，つまり創造が彼に拒まれ，これに対して，他方の行為，つまり絶滅が彼に与えられているという状態である。それゆえに，人間が最初に挙げられた行為を彼の力に余るものとして，すなわち「超人間的」として認めざるをえないとしても，あたかも彼は第 2 の行為によって何といってもついには，かの第 1 の行為によって示されている高い状態へと高まるかのように，依然として彼には思われうる。彼は創造の力においては人間以上と自分を考えないが，破壊の力においてはそのように考える[18]。

暴力行使による「絶滅の行為」において，人間は，ついには「神に似た状態の感情」に浸りうるというわけである。とはいえ，通常人間はそう簡単に「暴力行使の欲望」を満足させることはできない。だが，この欲望を掻き立て，それを燃え立たせるのが，ほかならぬ「国家」である。

  暴力の執行者として国家は，それに抵抗する暴力を，活動への意気ならびに空間がなくなるように，威圧し，せき止めるすべを心得ている。暴力の執行者として国家は，それ自身の中に生きている暴力に対しては，その暴力が強く大きくなりうる空間を与えるだけでなく，その暴力からあらゆる疑念を取り去る正当性をも与える。国家は実に，暴力の享受を最高のものとするあらゆるかの傾向の培養基であり，いわば必須の育成場である[19]。

人間の内にある「暴力行使の欲望」は，国家により正当化されること

---

18) ibid., S.80.
19) ibid., S.82f.

　　　　　　　第 3 節　暴力のデーモンと道徳的良心　　　　　　　111

によって，義務のためと称しつつも，その実はみずからの満足を求めてエスカレートを続け，挙句の果てには全世界をも支配しようとする。リットはこのことの結末を，ナチス第三帝国の野望を髣髴させるかのように，次のように描き出してみせる。

　……この拡大衝動に奉仕して，動員された多くの人々が，一つの巨大な身体のように上からのどの指示にも従う戦力へと一つにされるならば，例を見ない確かさでもって働く技術的装置が，国々全体を荒地へと変えるならば，身の毛もよだつ戦いが命を奪う無数の人々の血があちこちで流れるならば——この一切を動かす意志は，ある世界にその世界の運命を現実的に定める全能の感情に浸ることができ，そしてその際，相変わらず次のように自分にいうことができる。すなわち，汝が定めることは，汝の使命の実現においてなされ，したがって，汝に全面的に要求し，汝にいかなる優しい気持ちも許さない内的義務からなされるのである，と[20]。

　こうして，「国家的暴力の絶滅の狂乱」に直面するにいたれば，ここに「深く傷ついた道徳的良心」が暴力破棄の叫び声を上げるのは，当然のことであろう。あらゆる暴力の無条件の拒絶こそが，「苦痛に責め苛まれた人類」を救うことができるかのようである。しかしながら，リットよりすれば，暴力の全面的破棄は不可能である。というのも，すでに見たように，暴力は，人間が免れるわけにはいかない「自由のアムビヴァレンツ」に発している以上，根絶されることはできないのであって，「暴力のデーモン」はいついかなるときでも人間を脅かすからである。それどころか，「暴力のデーモン」は，姿を見せない時ほど，むしろ用心が必要といえる。

　暴力のデーモンが決定的に追放されていると思い，それゆえに，それに対する用心を免じられていると考えている魂は，最も簡単に暴力のデーモンに丸め込まれる。暴力は様々な衣装をまとうことがで

―――――――――――
　20）　ibid., S.86. リットは，このような暴力行使の正当化およびエスカレーションに哲学理論も寄与してきたとし，とりわけヘーゲル，ニーチェ，シュペングラーの名を挙げている。

きるのである[21]。

　では，道徳的良心は暴力に対して，結局のところ，全く無力なのであろうか。もちろんリットは，決してそうではないと考える。

　　……道徳的良心が暴力から現実に基盤を奪うであろうというのは，暴力へ向かう衝動が根絶できないこと，暴力を挑発する状態が避けられないこと，暴力の意のままになる衣装が多様であることについて思い違いをしない場合——とりわけ，自分の心の中にまどろんでいる暴力欲に対する不信を容赦なく呼び覚ましておく場合である[22]。

　かくして，ここにおいて決定的に強調されることになるのが，「注意深さ」(Wachsamkeit)ということである。

　　人間が国家的暴力の所有によってさらされている誘惑の力が大きければ大きいほど，これらの誘惑が世間の目に対して，また行為者の良心に対して，自分を無害に見せかけるのを心得ることをさせる扮装が，欺瞞的に効果をあげればあげるほど，絶望的にこの欺瞞の網に巻き込まれることから人間を唯一守ることができる注意深さの必要性は，ますますもって厳命されなければならない[23]。

　この「注意深さ」という概念は，リットの後期思想においていわば切り札的な概念として用いられるものであるが，そうしたことはこの『国家暴力と道徳』にあってもすでに見受けられるといえる[24]。いずれにせよ，リットにあっては，国家暴力は最終的には道徳による掣肘を受けなければならないとされる。

---

21) ibid., S.89.
22) ibid., S.89.
23) ibid., S.93.
24) この「注意深さ」については，宮野安治著『リットの人間学と教育学』211-216頁参照。

第 4 節　『わが闘争』の自然主義

　リットの主張するような「国家暴力の道徳的抑制」ということは，暴力を意のままに用いたい権力所有者にとっては，当然のことながら，不都合なものであろう。そこで，こうした道徳的抑制を無効にし，「注意深さ」を眠り込ませる理屈が捻り出されることになるのであるが，その典型的なものとしてリットが挙げるのが，「国家的暴力の表出を「自然的な」力作用として解釈する試み」，つまり「自然主義」，倫理学的にいえば「倫理学的自然主義」(der ethische Naturalismus) あるいは「自然主義的倫理学」(die naturalistische Ethik) の立場にほかならない。したがって，『国家暴力と道徳』の最終段階では，この自然主義に対する批判に力が注がれることになる。ある意味では，すぐ後で見るような理由から，この書の最大の眼目はこの批判にあるともいえる。

　この自然主義は，国家暴力を「自由のアムビヴァレンツ」ではなく，「自然」の領域に帰属させることによって，道徳的判断を免除させようとする反面，他方では，行為に際してのある種の尺度を立てている。すなわちそれは，「強者の正義」(das Recht des Stärkeren) という原理において表明されるものである。この原理が意味することは，強者がその優越した力を用いてなすことが「正義」だということである。いわゆるマキアヴェリズムに典型的に見られる，目的のためには手段を選ばぬ，結果がすべてだとする考え方である。「成果を収めよ，そうすれば汝は正しい」というわけである。肯定と否定を伴う道徳的判断を排除しようとしつつも，その実は肯定と否定の対立を導入することによって，自然主義は矛盾を犯しているのであるが，いずれにせよ，こうした自然主義が極めて尖鋭的に展開されたケースとして，リットはここでヒトラーの『わが闘争』を持ち出すのである[25]。

---

　25)　『わが闘争』は 1925 年に第 1 巻が，翌年に第 2 巻が出版され，30 年には 2 巻本が 1 巻本にまとめられ，39 年には「大衆普及版」(Volksausgabe) が刊行されるにいたった。リットの引用は「大衆普及版」からのものである。ちなみに，現在入手可能な翻訳本（ヒトラー著，平野一郎／将積茂訳『わが闘争（上）（下）』角川文庫，1973 年）は，1936 年版に拠っ

リットの述べるところでは，『わが闘争』においては，政治を「狂ったイデオローグ」の朦朧とした空想から浄化することが問題である場合には，つねに「自然界からの比較」が重要な役割を演じている。たとえば，永遠の闘争の必然性が，狐の鶯鳥に対する，猫の鼠に対するふるまいに即して例証されている。また，どのような事態の秩序が自然によって欲せられているかは，「惑星が太陽の周りを回転し，衛星が惑星の周りを巡る」ということを引き起こしている力作用から学ぶべきであるとされている。ヒトラーは，この基本的な自然現象に全現実にあてはまる法則が働いているのを見ており，この自然法則の人間世界への拡大は，「つねに力のみが弱者の主人であり，弱者を柔順な召使へと強いるか，あるいは弱者を打ち砕く」という形式で表現されることになる[26]。

　あるいは，比較が用いられていない場合にも，そこにある自然主義的思考法は歴然としている。たとえば，目的が明確で成果が確かな行為は，この世では「人間に対して特殊法則はあてはまりえない」という確信に基礎をもつとされている。「不動の自然法則の認識および遠慮のない適用」のみが成果をあげるというのである。そしてこれら法則は，ヒトラーによって，「自然の鉄の論理」へと還元され，「究極の叡智の永遠の原理」として称えられる。それどころか，これら法則には，「強者に場を与えるために，弱者を絶滅させる」ところの「自然の人間性」が見いだされ，人間が自分の「人間性」としてでっち上げているものは，この宇宙的な人間性よりすれば，「愚鈍と卑劣と誇大妄想の混合物」へと収縮するといわれる。したがって，こうした自然主義がもたらす政治的帰結は明白である。

　　……これら自然法則に従って強者として上に立つ者は，時として「善者」と同一視されるのであるが，それならば，何といっても，この全く政治へと焦点を合わされた倫理にとって自明なことは，このような倫理が，強者が「よりよくあること」の最終検査として，

ている。なお，『わが闘争』の詳細については，とりわけ次のものを参照。ゴットホルト・ミュラー著，祇園寺則夫訳「ヒトラー『わが闘争』精読」宮田光雄／柳父圀近編『ナチ・ドイツの政治思想』創文社，2002年，55-80頁。

26) ヒトラー著，平野一郎／将積茂訳『わが闘争（上）』347頁を特に参照。

物理的な力の戦いにおける勝利のみを認めているということである。「永遠の闘争において人類は偉大となったのであり――永遠の平和によって人類は没落するのである」[27]。

　暴力、それゆえに国家暴力も、本来は「自由のアムビヴァレンツ」に発し、道徳的判断の対象となるにもかかわらず、『わが闘争』に現れたような、人間的なものを自然に還元しようとする「自然主義」は、そうした暴力をも道徳的判断を免れた自然のものにすることによって、「道徳的良心の口出しを遮るために利己的な意志が助けを呼ぶ自己幻像の中で最も誘惑的なもの」となる。良心の咎めなく暴力を好き放題に使い、しかもその暴力が大義のために正当化されることを望む権力所有者であれば、この理屈に飛びつくことは必然であろう。それどころか、自然主義は暴力を正当化するだけでなく、究極的には、ここにその決定的な誤りがあるのだが、それを神聖化すらする。手段であった暴力は目的と化す。

　　精神のあらゆる活動形式は、最上の目的、つまり勝利を収めた暴力
　　実施という目的に対しては、手段の位置に追いやられる[28]。

　かくて精神は暴力に服する。その結果は、「剥き出しの暴力が支配し、精神は単に露命をつなぐだけである」[29]。まさにヒトラーがナチス第三帝国で現出させた事態にほかならないであろう。
　では、「剥き出しの暴力が支配し、精神は単に露命をつなぐだけである」という状況下にあって、リットはどのような展望をもとうとするのであろうか。彼は次のように考える。確かに、人類の歴史は、自然主義のテーゼの正しさを証明するかのように、「組織化された暴力行使の歴史」であり、暴力による「恐るべき荒廃」の歴史であるかのようである。だが、これは一面的な歴史観にすぎない。歴史は、それとは逆に、

---

27) Theodor Litt: Staatsgewalt und Sittlichkeit, S.107f. ヒトラー著，平野一郎／将積茂訳『わが闘争（上）』200 頁参照。
28) Theodor Litt: Staatsgewalt und Sittlichkeit, S.111.
29) ibid., S.112.

「節度があって賢明な使用によって広く恵みを与える暴力」も示している。さらに加えて，歴史は「暴力が，そのように訓練され，暴力以上であるものに奉仕させられることが非常にしばしばできた場合，そのことはつねに道徳的良心が権力の眩惑のデモーニッシュな誘惑に反対して持ち出すかの反対力の介入のおかげである」[30]ということを教えている。現在は，「とにかく破壊の力が息もつかせず上昇中であることを示している世界史的瞬間」であり，「国家が……恐るべき破壊作用をもった道具で武装し，この殺人装置にそれに合った魂を与える憎悪感情へと燃え上がる術の名人となってしまった時点」である。したがって，「暴力の道徳的抑制」は以前にもまして必要と当然いわざるをえない。

けれども，リットはさらに次のように考える。「暴力の道徳的抑制」が必要だとしても，こうした抑制に際しての「規範」は存在しない。なるほど，暴力にかかわる「規範」としては，2つのシンプルな形式が可能である。一方は「暴力の無条件の禁止」であり，他方は「暴力の無条件の命令」である。「暴力のない状態の倫理」と「自然主義の倫理」である。両者は全く対立しつつも，「定言的命法」という形式をとっている点では共通している。しかし，暴力が「自由のアムビヴァレンツ」に発していることを認めるならば，理論は「暴力行使を無条件に肯定もしなければ，無条件に否定もしない——暴力の抑制を要求するが，暴力の排除をしない倫理的理論」でなければならない。この理論は，唯一の原理を掲げることに反対し，それゆえに「定言的命法」を拒否する。もっとも，この理論といえども，「注意深さ」が呼び覚まされるべであるという一般的指示を与え，この指示に従えば，暴力はできるかぎり抑えられ，必要な場合にだけ使用されなければならないという教示を導きはするであろう。だが，そうだとしても，この教示は，まさしく今ある場合は「必要な場合」なのかどうかを示しはしない。そもそも人間的生活一般がそうであるように，暴力の使用に関しても，人間は「一義的に指示する規範による指導」を得ることはできない。こうした指導を欠くがゆえに，人間は，みずから自分に空間を創造するとともに，絶えず誤謬や過失にさらされている。その意味で人間は，「偉大なことも同時に卑

---

30) ibid., S.115.

小なこともでき，上昇する力と同時に下降する力にも開かれた，自分を完成させると同時に自分を破滅させることも進んでなす存在——パスカルのことばをもってすれば，「宇宙の栄光にして屑」」[31]である。それでは，道はいずれに通じているのか。暴力による破滅の道を突進しつつある絶望的なナチス体制下にありながら，リットは，「疾患の重さ」から「とにかく人間の力でできることをなすべきだという訴え」を取り出そうとしたペスタロッチを想起させるかのように，「結果を決定するのは，他に向かうことができずに歩む運命ではなく——人間自身の意志である」[32]ということばをもってこの『国家暴力と道徳』という書を閉じるのである。

　以上，『国家暴力と道徳』の内容を見たわけであるが，ここでこの書の意義について触れておきたい。それに際してまず指摘できることは，この書は，「暴力」，とりわけ「国家暴力」という具体的問題を通して，「両義性」ないしは「アムビヴァレンツ」という人間存在の深淵を照射しているという点で，政治哲学的のみならず，極めて人間学的な意義をも有した労作であるということである。それとともに，「暴力」を人間社会の根本現象としてとらえているこの書は，またすぐれた「暴力論」の書となっていることも看過されてはならない。近時関心を集めつつあるとはいえ，「暴力論」というジャンルは一般に受けはよくないが，しかし，「暴力」の問題を掘り下げずして，真の「平和」も見えてこないであろう。その意味で，この書は「これまでほとんど試みられたことがない」といわれた「暴力のオントロギー」の先駆的な作品として位置づけることもできるのである[33]。

　けれども，この書の直接的な意義は，やはりそのナチズム批判にあると考えられる。『哲学と時代精神』でナチス報道部長のディートリヒに言及し，『ドイツ精神とキリスト教』ではナチス最大のイデオローグで

---

　31) ibid., S.127. ここでパスカルの名が引き合いに出されているが，ある意味でリット人間学のモデルはパスカルの人間研究であるといえる。Vgl.Theodor Litt: Mensch und Welt, S.137 und S.250.
　32) Theodor Litt: Staatsgewalt und Sittlichkeit, S.111.
　33) 今村仁司著『暴力のオントロギー』勁草書房，1982年，241頁。また，「暴力」の人間学的研究については，たとえば，小林直樹著『暴力の人間学的考察』岩波書店，2011年参照。

あるローゼンベルクを批判したリットは，この書でヒトラーの『わが闘争』を俎上に載せ，暴力賛美を内包したその自然主義的思考の誤りを指摘することによって，「かの時代の仕事の仕上げ」[34]をなそうとしたといえるだろう。と同時に，この「仕事の仕上げ」は新しい始まりをも意味している。すなわち，ナチス崩壊後の政治形態の究明である。リットにとって，その新しい形態は，端的にいうならば，自由に基づいた「国家暴力の道徳的抑制」が可能な形態でなければならないはずである。そしてその場合，そのような形態に最もふさわしいものこそ，「民主主義」にほかならないであろう。ちなみに，1942年というこの時期にデューイは，同じく『わが闘争』を取り上げ，次のように書いていた。

> 全体主義的権力との闘争は，換言すれば，絶えず侵略領域を拡大することによってのみ生存しうる侵略的な生活様式に対する闘争にほかならない。それは，生活の隅々への組織された暴力の侵入——ドイツ国内での成功を，全世界的規模におけるより大きな成功の確たる保証と考えるような侵入——に対する闘争である。そして，こうした侵入を企てる勢力は，ドイツ国内で実験済みの，あらゆる分野の科学とあらゆる形の技術の組織化という方法によって，われわれに全員一致という囚人服——これに，社会的統合という崇高な称号が与えられる——を，押しつけようとしている。われわれは今や，民主主義的生活様式のすべての構成要素に対して企てられた挑戦をはねのけるため，われわれの持ちあわせる限りの知識や技術を駆使し，ありとあらゆる人間関係を動員して，自由な交わりと自由なコミュニケーションという方法によって社会的統合を推進するという実績を示さなければならないのだ。今日では，かつてのどの時代よりも，ずっとはっきりしてきたのだが，民主的生活様式は，人類を相互に分裂させる様々な障壁——階級，不平等な機会，肌の色，人種，派閥，国民性，等の障壁——を取り払うための不断の努力をわれわれに課すのである[35]。

---

34) Friedhelm Nicolin: Theodor Litt und Nationalsozialismus, S.134.
35) デューイ著，足立幸男訳『ドイツ哲学と政治』木鐸社，1977年，47-48頁。

ともあれ，リットにおいて「民主主義の哲学と教育学」への道は，彼が公然と「民主主義」を標榜するのが『国家暴力と道徳』の出版の数年後であるにしても，すでに歩み出されていると判断してよい[36]。リットの政治教育思想の行程にあって，総じてナチス期は，政治「教育」という点では具体的な議論はほとんど見られないが，「理性的共和主義者」であった彼に「民主主義者」の自覚を呼び起こし，後年に展開される新たな政治教育思想の準備をしたという点で，決定的に重要な意義をもっているのである。

---

36) ただし，クラフキは，この『国家暴力と道徳』について，問題の重点がまだ「個人的な良心の決断や個人的な政治的アンガージュマン」に置かれているところから，「政治的民主主義と社会的民主化の人間的必要性への洞察の敷居の前にある」という慎重ないい方をしている。Vgl. Wolfgang Klafki: Die Pädagogik Theodor Litts, S.357.

第 6 章
民主主義と政治教育

　第 2 次世界大戦後，ナチズム経験を踏まえたリットの政治教育思想は，新たな展開を見せることになる。すなわち，「全体主義」(Totalitarismus) に対抗して，「民主主義」が旗印として掲げられ，それが政治教育の決定的な原理とされるにいたるのである。本章においては，こうしたリット政治教育思想の新局面を取り上げ，同じく民主主義を標榜する「パートナーシップ」(Partnerschaft) 論との対決にとりわけ注目しつつ，そこに孕まれている問題について検討することにしたい。

第 1 節　「民主主義」対「全体主義」

　1945 年 5 月，ついにドイツは無条件降伏文書に調印し，ここにナチスの時代は終焉を告げ，連合国による占領の時代がはじまった。それはドイツの「民主化」の開始でもあった。そして，ドイツの「民主化」は，必然的に，「民主化のための再教育 (Re-education, Umerziehung)」を伴うことになった。

　　戦後ドイツにおけるデモクラシーの導入と成立とにたいして，決定的な影響をあたえたのは，いうまでもなく連合国による占領軍政にほかならない。……その前提には，ナチズム敗北後においても，それがふたたび復活し，新たに世界平和を脅威しうる危険な可能性がいちじるしく，したがって，一定の移行期間，戦勝国による国際的

なドイツ管理のもとに民主化のための《再教育》を行なうことが不可欠であるという連合国側の基本的認識が存在した[1]。

さて，ドイツ敗戦をライプツィヒで迎えたリットは，7月にはライプツィヒ大学に復帰し，考古学者のシュヴァイツァー（Bernhard Schweitzer）や哲学者のガダマー（Hans-Georg Gadamer）等とともに，最初はアメリカ占領軍，その後はソヴィエト占領軍のもとでライプツィヒ大学再建に取り組んだ。しかし，ライプツィヒ大学の民主化の象徴的存在となったリットは，やがてソヴィエト当局と衝突するにいたる。

>弁舌の才に恵まれたテーオドール・リットは，マルクス主義理念の批判も惜しまないその講義で大好評を博し，そのためロシア当局はついに彼を停職に処した[2]。

リットがソヴィエト当局と対立せざるをえなかったのは，マルクス主義が，学問的方法としてではなく，政治的教義として大学に持ち込まれ，それが大学の自律を損なうと判断されたからである。停職処分はガダマー等の努力によって解かれるものの，「ソヴィエト化」（Sowjetisierung）の進行に対する抵抗に限界を感じたリットは，いわゆる「冷戦」が決定化しつつある1947年9月に，かなりの数の同僚たちとともにライプツィヒを去り，彼が大学教師として出発したボン大学に帰ることになる。そして，それ以降の晩年のボン時代において彼は，政治思想的には「民主主義」を標榜し，精力的な活動を展開するわけである。

ところで，リットの「民主主義」に対する態度であるが，すでに見た通り，ヴァイマル期において彼が，場合によっては「理性的共和主義者」としての限界はあったにせよ，ヴァイマル・デモクラシーの擁護者であったことは間違いないし，ナチス期の経験は彼に民主主義の必然性への思いを決定的なものにした。しかしながら，彼が文字通り「民主主義」という語を自覚的に用い，これについて主題的に論じるようになる

1) 宮田光雄著『西ドイツの精神構造』岩波書店，1968年，205頁。
2) ガーダマー著，中村志朗訳『哲学修業時代』未来社，1982年，162-163頁。

のは，やはり第2次世界大戦後である。

とはいえ，第2次世界大戦後であるにしても，より正確には，第2次世界大戦後のいつの時点からかということが問題となるかもしれない。この点に関していえば，これまでのリット研究では，「民主主義」という語がはじめて本格的に見えるのが，著作の上では1953年の『人間の自由と国家』においてであるところから，1953年あたりとされてきた[3]。実際，リットは1952年に「政治教育の問題」（Das Problem der politischen Erziehung）という小論を書いているが，そこには「民主主義」という語を見いだすことはできない[4]。けれども，新たな資料に基づいての近時の研究では，ボン大学に帰る以前にすでにリットの民主主義への傾注ははじまっていたことが明らかにされている。

> リットの遺稿における未公刊の講演原稿の利用によって，リット研究で支配してきた仮説，すなわち，リットは1953／54年の著作においてはじめて決定的に民主主義理論の展開に向かった，という仮説は確証されることができなくなった。むしろ，リットにあっては，すでに1945年に，たとえば「研究と政治」（Studium und Politik）という講演におけるように，民主主義理論の最初の要素が見いだされる。そして，1946年には，リットは「民主主義の精神的および道徳的な基礎」（Die geistigen und sittlichen Grundlagen der Demokratie）や「民主主義国家におけるドイツの大学の課題」（Die Aufgabe der deutschen Hochschule im demokratischen Staat）といった講演で，民主主義の形成をはっきりと言明したのである[5]。

恐らく，ナチズムを体験し，そして今またソヴィエト化を体験しつつあるリットが，そのような体験から対抗像として浮かび上がってくる

---

3) Vgl.Josef Derbolav: Die Theorie der Politischen Bildung im Gesamtwerk Theodor Litts, S.27. Wolfgang Klafki: Die Pädagogik Theodor Litts, S.356f. Eva Matthes: Geisteswissenschaftliche Pädagogik nach der NS-Zeit, Bad Heilbrunn 1998, S.60.

4) Vgl.Theodor Litt: Das Problem der politischen Erziehung.

5) Carsten Heinze: „Die Loslösung vom Osten war unsäglich mühevoll und umwegreich." Erste Ansätze Theodor Litts zu einer Demokratietheorie in der Sowjetischen Besatzungszone Deutschlands(SBZ)1945-1947, in: Pädagogische Rundschau, 54. Jg., H.3, 2000, S.263.

ものを「民主主義」という名のもとに理論的に彫琢しようとしたことは，想像に難くはない。けれども，そうした企図が，まとまりをもった著作として結晶するには，それなりの歳月が必要であり，結果的には，1953年の『人間の自由と国家』ではじめてそれが可能となったと理解すべきであろう。いずれにしても，『人間の自由と国家』というこの著作は，リットの思想行程にあって重要な位置を占めるものであって，第2次世界大戦後に新たに展開されるリットの政治思想・政治教育思想についての立ち入った検討は，やはりこの著作をもってはじめなければならないのである。

　そこで，この著作ということになるが，この著作において出発点となっているのは，「国家現実」と「国家理論」の関係である。リットによれば，一般に国家現実と国家理論とは相互形成の関係にあるものの，他面，ある種の国家理論がそれを生み出したのではない国家現実に外部から移入されるということがありうる。そして彼は，その典型ケースが今日のドイツであるとして，ここに「民主主義」概念を導入するのである。

　　われらの民族は「民主主義」と名づけられるかの政治的な生活状態へと形成されるべきである。しかも，悪意をもつ者が主張しているように，われわれをこの政治形式へと強いようとしているのは，決して単に戦勝国の思惑ではない。第1次世界大戦後に可能であった以上にはっきりとわれわれは今日，大衆と社会的「装置」の時代にあってどの文化国民も直面している二者択一，すなわち，組織的にまとめられた多くの者が政治的な判断形成や意志形成に積極的に関与できるようにする国家生活の形式か——あるいは，この組織が国民の奴隷化を完成する機構にほかならないものとなる，多かれ少なかれ巧妙にカムフラージュされた独裁化か，という二者択一に気づくことができる。このあれかこれかを第三の可能性の構成によって片づけようとするどの試みも，それが信奉者を見いだすかぎり，絶えず自分の時間を待ち焦がれている全体主義国家の先導者にすぎない。民主主義か全体主義か——これは，われらの民族がこの歴史的

な時代にあっていかにしても避けることのできない選択である[6]。

　このリットの言にあって殊に注目されなければならないのは、「われらの民族は「民主主義」と名づけられるかの政治的な生活状態へと形成されるべきである」として「民主主義」支持の立場が公然と打ち出されていると同時に、その際、その「民主主義」なる概念が「全体主義」概念との対立において導入されているという点であろう。
　そもそも「全体主義」という語は、1923年にイタリアのジャーナリスト・政治家アメンドラ（Giovanni Amendola）によってはじめて用いられ、これを同じくイタリアの哲学者・政治家ジェンティーレ（Giovanni Gentile）が取り上げるところとなり、第2次世界大戦後は、とりわけ冷戦構造下において、「民主主義」や「個人主義」の対立語として、否定的なニュアンスを伴って、特にスターリン体制下の共産主義をナチズムと同列と見なす立場によって普及させられるにいたったものである。ちなみに、周知のように、1951年にはアーレント（Hannah Arendt）の『全体主義の起源』（The Origins of Totalitarianism）が現れている[7]。冷戦構造が解体した今日では、かつての「全体主義」概念はもはや過去のものともいえるかもしれないが、「民主主義」対「全体主義」という対立図式は、ある時期の政治思想をある意味で支配していた図式であって、リットにおける「全体主義」概念に対抗させての「民主主義」概念の導入という事態も、そのような当時の政治思想的状況から理解される必要があるだろう。
　では、リットにおいては、「民主主義」と「全体主義」とはいかに相違するのか。リットは、両者を分け隔てるのは、つまるところ「自由」というものにあると考える。「自由」という問題は、とりわけナチス期以降リットの思索の重要な関心の一つを形成するものであるが、彼にとっては、「自由」概念はそもそも人間を他の動物から本質的に区別す

---

6) Theodor Litt: Die Freiheit des Menschen und der Staat, in: Pädagogische Schriften. Eine Auswahl ab 1927, hrsg. von Albert Reble, Bad Heilbrunn 1995, S.180.
7) 「全体主義」については、たとえば、次の書を参照のこと。シャピーロ著、河合秀和訳『全体主義』福村出版、1977年。エンツォ・トラヴェルソ著、桂本元彦訳『全体主義』平凡社新書、2010年。

る人間学的な根本概念にほかならない。すなわち，再度繰り返すことになるが，動物が「本能」によってその行動が一義的に規定されているのに対して，こうした「本能」が退化あるいは欠落している人間は，つねに「両義性」に曝されており，そのふるまいをみずから決定しなければならない。このかぎりにおいて，人間は「自由」である。否むしろ，「人間は……自由であることを強いられている」[8]というわけである。

こうした人間学的「自由」概念は，『人間の自由と国家』における議論においても，その書名からも十分に推測されるように，重要な役割を演じている。リットの考えでは，いわゆる「動物国家」は「本能」によって支配されているので，そこには「自由」もなければ，そうした自由を制限する「強制」もない。これに対して，人間的共同体にあっては「自由」が存在する。が，自由であることは多様であるということである。

> どの人間の共同体も，まさに，その行動が本能の教示に従うのではなく，自由な決意における自分の洞察に従う存在から成り立っているので，多数の分かれる意見や意欲を含んでいる[9]。

けれども，多様性は，そのままでは，統一性の欠如であり，むしろ対立や混乱をもたらす。したがって，自由を制限し，強制を加えて，統一を打ち立てなければならない。そこで，多様性において統一を樹立するのが「国家」の任務となる。

リットは，こうした統一の樹立にあたって，ここに2つの国家形式が分かれてくるとする。この内一方は，自由を押さえ込み，強制によって強引に統一を図ろうとする国家形式である。これが「全体主義国家」である。

> この国家は，恐怖の抑圧によって国民の行動をできるだけ一様化することによって，さらにそれ以上に，国民の思考を指定された図式へと無理強いしようとすることによって，人間の国家は，つねに同

---

8) Theodor Litt: Mensch und Welt, S.180.
9) Theodor Litt: Die Freiheit des Menschen und der Staat, S.193.

一のものを欲するのではなく，しばしば極めて違ったものを欲する存在から形成されている国家であることを忘れさせたく思う。この国家は，どこでも妨げられることのない一致のイメージを世間に示すために，一切をなす[10]。

　これとは反対に，もう一方の形式は，自由を，それゆえに多様性をできるかぎり重んじ，逆に，強制をできるかぎり抑える国家形式であって，「民主主義国家」がこれである。

　　ちょうど逆に，意見の相違に直面して，正しく理解された民主主義はふるまう。民主主義は，相違が存在することを腹蔵なく告白するだけではない。民主主義は，とにかく受け入れられなければならない所与のように，相違を自分の構造の中につくり入れるだけではない。民主主義は，相違の中に……共同生活の根本モティーフを認識することを知っている。確かに，民主主義も，統一を打ち立てることを考えているが，しかしその統一は，暴力的な一様性に基づくのではなく，原則的に承認された諸対立の対決からつねに新たに樹立されなければならないものである[11]。

　ここに「民主主義」対「全体主義」という，先に指摘したようにある時期の政治思想を支配した，それとともに晩期リットが依拠し続けた対立図式が明確に描かれることになる。リットにとっては，全体主義国家は，自由を抑圧し，「強制の遍在にその本質をもつ国家」であって，多様性や対立を排除し，一致や調和を特徴とする点で，動物国家に似ている。これとは逆に，民主主義国家は，多様性や対立を積極的に受け入れる，自由をメルクマールとする「自由人の国家」であって，文字通り人間的な国家である。とはいっても，リットは「自由」を手放しに賛美しはしない。なぜならば，「国家においてわれわれは………特に見逃せない仕方でわれわれに，人間を動物から際立たせるかの「自由」は，それが「善」への自由であると同様に「悪」への自由でもあるという，両

---

10) ibid., S.194f.
11) ibid., S.195.

義的な，つまり「アムビヴァレントな」性格をもっている，ということを教えてくれる行為の一領域に直面する」[12]からである。リットは，自由のこうした両義的な性格，つまり危険な性格についての自覚こそが，「政治的動物」である人間にとって，したがって，そのような人間にとって最もふさわしい国家形式である民主主義国家にとって決定的に切要であるとするのである。

このように，リットにあっては，「民主主義」概念は「全体主義」概念との対比において提出されたのであるが，ではその際，「全体主義」ということで具体的に彼の念頭にあったのは何であったのか。『人間の自由と国家』では，この点について彼みずからは直接触れてはいない。けれども，そのようなものとして，一つには，いうまでもなく「ナチズム」が，そしてもう一つには，当時の「全体主義」概念に内蔵されていた，それとともに彼みずからが新たに経験することになった「共産主義」がイメージされていたことは間違いないところであろう。事実，冷戦下に身を置いていた最晩年の彼においては，「共産主義」との対決ということが，その政治思想および政治教育思想の重要なモティーフを形成しており，このことは，『東西対立に照らした科学と人間陶冶』とか『自由と生活秩序』といった代表的な著作に顕著に窺うことができる。だが，リットは民主主義に立脚したそうした全体主義批判を展開する前に，「ナチズム」の悪夢がまだ完全に覚めやらぬ戦後的な状況の中で，むしろ民主主義の内部原理に深くかかわった政治教育的な一書を著すことになる。すなわち，『ドイツ民族の政治的自己教育』と題された書である。

第2節　エティンガーのパートナーシップ論

リットの政治思想的・政治教育思想的な著作の内で，賛否両論を含めて最も多くの反響を見いだしたものとなると，1954年に初版が出たこの『ドイツ民族の政治的自己教育』をやはり挙げざるをえないであろ

---

12) ibid., S.201.

第2節　エティンガーのパートナーシップ論　　　　　　　　　　129

う。もっとも，この著作は多くの版を重ねたこともあって，その内容構成はいささか複雑な経過を経験している。この著作は，最初は1954年1月27日付で発行された週刊誌『議会』（Das Parlament）の付録「政治と現代史から」（Aus Politik und Zeitgeschichte）に掲載されると同時に，「祖国奉仕連邦センター叢書」（Schriftenreihe der Bundeszentrale für Heimatdienst）の1冊として出版された。翌年の1955年には2版，1958年には4版を数え，この第4版においては，全体の書名はそのままに，先に触れた「人間の自由と国家」が収められ，その関係で，オリジナルな部分は「政治教育の本質と課題」（Wesen und Aufgabe der politischen Erziehung）と改題されることになる。さらに，1959年の第5版では1949／50年に書かれた「精神生活と国家」（Das Geistesleben und der Staat）が，加えて，1961年の第6版では1959年の論文「分裂ドイツの教育と陶冶」（Erziehung und Bildung im geteilten Deutschland）が収録され，1967年にまで8版を重ねるに及ぶ。それで，リットの著作で「ドイツ民族の政治的自己教育」といっても，その内容にはかなりの幅があるが，ここで問題としなければならないのは，最初の「ドイツ民族の政治的自己教育」，つまり後に「政治教育の本質と課題」と題された部分である。

　1953年に『人間の自由と国家』を著したリットが，もちろん教育学的に彩られているとはいえ，スタンスとしては基本的に変わらない『ドイツ民族の政治的自己教育』を翌年にあえて世に問おうとしたのには，それなりの理由があったと見なければならない。恐らくその最大の理由は，テーオドール・ヴィルヘルム（Theodor Wilhelm）がフリードリヒ・エティンガー（Friedrich Oetinger）のペンネームで著した書が引き起こした議論にあったと思われる[13]。そして，その書というの

　13）Theodor Wilhelmは，1906年Neckartenzlingen生まれ，1938年にOldenburgの教員養成大学の講師となり，1951年にはFlensburg教育大学教授，1957年にKiel大学に移り，1959年から1974年まで同大学教授を務めた後，100歳を目前に2005年に没した(Vgl. Günther Groth: Theodor Wilhelm—zum 100.Geburtstag, in: Pädagogische Rundschau, 3. Jg., 2006, S.223-233)。ナチス期には，ナチスの代表的な教育学的イデオローグであるボイムラーとともに "Internationale Zeitschrift für Erziehung" の編集に携わり，ナチズム賛美の論文を数多く発表したが，後日このことが問題とされることになる (Vgl.Wolfgang Keim(Hrsg.): Pädagogen und Pädagogik im Nationalsozialismus, S.23-25)。多くの著作を残しており，主要なものとしては，他に，『ケルシェンシュタイナーの教育学』（Die Pädagogik Kerschensteiners, 1957），『現

は，1951年に最初出版された折には『政治教育の転換点』(Wendepunkt der politischen Erziehung) と題され，これに「教育課題としてのパートナーシップ」(Partnerschaft als pädagogische Aufgabe) という副題が添えられていたが，1953年の第2版で書名が『パートナーシップ』(Partnerschaft) に，サブタイトルが「政治教育の課題」(Die Aufgabe der politischen Erziehung) に変更された，ある意味で戦後ドイツの民主主義的な政治教育の指針となった書である[14]。

この書でエティンガーが述べるところによれば，これまでのドイツの政治教育にあっては，たとえば「ビスマルクからパーペンにいたるまでの公民的陶冶」にせよ，「ヒトラーのもとでのナチス的訓練」にせよ，そこでは「国家」が支配原理となっていた。だが，「民主主義」に基づく政治教育が必然的となった今日求められていることは，こうした支配原理からの脱却である。

> 政治教育は，ドイツにおいては，1世紀もの長い間，国家形而上学に縛りつけられてきた。そして，われわれの差し迫った教育課題は，政治教育を国家形而上学的イデオロギーによるこの覆いから解放することにあるように思われる[15]。

そこで，エティンガーは，「国家」概念に代わって政治教育の新しいキーワードとして「パートナーシップ」概念を導入し，「国家への教育」

代の教育学』(Pädagogik der Gegenwart, 1959)，『学校の理論』(Theorie der Schule,1967) 等を挙げることができる。なお，変名の使用は，ナチス支持者であった Theodor Wilhelm という「本名を隠すため」であったといわれる（近藤孝弘著『ドイツの政治教育』岩波書店，2005年，27頁参照）。ちなみに，Friedrich Oetinger という変名そのものは，ヴィルヘルムみずから自伝で触れているように (Vgl. Ludwig J. Pongratz(Hrsg.): Pädagogik in Selbstdarstellungen Ⅱ, Hamburg 1976, S.315-347)，18世紀ドイツの神学者 Friedrich Christoph Oetinger(1702年～1782年) から来ている。

14) Partnerschaft という語は，かつて日本に紹介された折には，ドイツ語風に「パルトナーシャフト」あるいは「パートナーシャフト」と訳されていたが（たとえば，中野光／三枝孝弘／深谷昌志／藤沢法暎著『戦後ドイツ教育史』御茶の水書房，1966年，82-102頁参照），今日では，「馴染み易い」ということもあって，「パートナーシップ」と訳されるので（近藤孝弘著『ドイツの政治教育』注12頁参照），ここでもそのようにしておくことにする。

15) Friedrich Oetinger: Partnerschaft. Die Aufgabe der politischen Erziehung, 3.Aufl. Stuttgart 1956, S.78.

ではなく,「パートナーシップへの教育」を唱え，その教育の特徴を次のように要約的に説明するのである[16]。

1. パートナー教育 (Partnererziehung) は，民主主義を国家形式としてではなく，生活形式として教える。
2. パートナー教育は，したがって，国家モデルではなく，国家において一つになっている人間の生活連関が重きを置かれているような政治的なものの概念から出発する。
3. パートナー教育は政治陶冶に，ある信仰教義の規範的作用を期待するよりも，経験が増す能力をわれわれが獲得し，保持することを期待する。
4. 政治陶冶の国民国家的図式が戦争と崩壊によって深刻に揺さぶられたことについては，われわれは，積極的な意味において，政治を新しい実体で満たすというわれわれの世代の特別なチャンスとしてこれを解釈してよい。
5. この新しい実体は人間の社会的な規定にその本質がある。われわれが，政治を単に国家的なものの理念による包囲から，人間の道徳を法則性による包囲から解放することによって，政治的なものと人間的なものが出会い，相互に浸透し合うという道が開ける。
6. 公民教育学の伝統は，実践的な細部では，われわれが感謝して受け入れる援助を提供している。しかし全体的には，こうした伝統は，単に国家的なものの文化哲学的なシステムやイデオロギーへの隣接によって，現代の復古的な勢力に，1933年以降の国民政治的訓練同様に，危険な支えを与えるものである。
7. 民主主義的な生活形式へのわれらの民族の教育の偉大な活動の成功は，個人の道徳の育成よりも，むしろ，われわれが好意 (Wohlwollen) に活動の機会を与えることにかかっている。
8. 宗教的な力は，教育課題の解決を個々の場合にかなり容易にすることができる。けれども，宗教的な教育課題は，その本質に

---

16) ibid., S.85-86.

従えば，政治的-教育的な課題とは相違する。

　以上のような，エティンガーの主張する「パートナーシップ教育」は，思想的には，エティンガー自身も認めているように，デューイによって代表されるプラグマティズムの影響を多大に受けたものであるが，「民主主義への再教育」というこの時期の政治教育課題にうまく応じた試みということもあって，ただちに多くの賛同者を獲得するに及んだ。と同時に，またそれだけに，この新しい政治教育の形式に対しては反論や批判も寄せられることになる。たとえば，いわゆる「精神科学的教育学」派の中では，ヴェーニガーが，1952年に『ザムルング』（Die Sammlung）誌に掲載された「政治教育と市民教育」（Politische und mitbürgerliche Erziehung）と題した論文において，パートナーシップ教育に対する批判を逸早く展開した。彼は，「パートナーシップ教育」に現れている新しい政治教育は，「歴史」「国家」「権力」「高いエートス」「理性」といったことを軽視あるいは無視しているとして，これに対して，政治教育にかかわって，以下のような5つのテーゼを提出したのである[17]。

1. われわれは……歴史的局面なしにはありえない政治教育を必要とする。なぜならば，政治課題は，いつも歴史的地平の内部にあり，この地平の内部で解決されなければならないからである。
2. 真の政治教育は，国家生活への直接的な関係なしには，空をつかむことになる。
3. 最良の政治秩序ですら権力を欠くことはできない。法秩序や平和秩序は，権力なしには，そして，人間のいわば日々新たな承認や同意に頼るだけでは，生命力のあるものにならないし，作用力のあるものにならない。むしろ重要なのは，法秩序や平和秩序に，それらが必要としている権力を与えることである。
4. 国家や教会や社会における人間生活の大きな秩序が，単純な近隣的な連関に入り込んで作用するように，全精神世界が，小さ

---

[17] Erich Weniger: Politische und mitbürgerliche Erziehung, in: Die Sammlung, 7. Jg., 1952, S.304-317.

な空間においても現前しているように，また高いエートスは，単純な政治行為の前提としてある。
5. 政治教育は，もちろんのことながら，啓蒙とか，理性や洞察へのアピールとかを含む。

　ヴェーニガーによって示されたこれらのテーゼには，エティンガーの唱道する新しい「パートナーシップ教育」の本質的な問題点がほぼ集約されていると見ることができる。したがって問題は，「歴史」「国家」「権力」「高いエートス」「理性」といった契機を政治教育においていかに考えるか，ということになってくる。そしてリットの場合，こうした契機の内，特に「国家」「権力」「理性」に着目し，『ドイツ民族の政治的自己教育』という書において，しかもヴェーニガー以上に「思想を本質的により深める」[18]という方向で，彼独自のパートナーシップ教育論批判を展開しようとするのである。

第3節　民主主義への政治教育

　エティンガーも，ヴェーニガーも，そしてリットも，「民主主義」を必然と見る点では軌を同じくしている。リットは，『ドイツ民族の政治的自己教育』においてまず，先程の『人間の自由と国家』におけると同じ様な論調で，「民主主義」を「全体主義」に対立させ，その必然性を次のように力説する。

> 今日，すなわち大衆と巨大「装置」の時代にあって，何といってもこういう事情なので，われわれは不可避的な二者択一に直面している。すなわち，われわれは，民主主義の形式において，一つの共通な意志を形成し，行為へと転化することができる民族となるか――あるいは，われわれは，再度，多かれ少なかれ巧妙にカムフラージュされた独裁の犠牲となるかの二者択一に直面している。第三の

---

18) Albert Reble: Theodor Litt, S.154.

可能性の考えを弄ぶ者は，知っていようといまいと，また欲しようと欲しまいと，新しい全体主義の先導者である。それゆえに，民主主義が，歴史的に見れば，その根源をドイツ的世界の外部にもっていようとも，われわれがすでにかつて受けた苦難の反復から逃れようとするのであれば，そのようなことでわれわれが民主主義といっしょでなければならないことが変るということはない[19]。

したがって，「民主主義への教育」(Erziehung zur Demokratie)，これこそが今日の政治教育の焦眉にして最大の課題でなければならないことになる。

だが，その根源を「ドイツ的世界の外部」にもっている民主主義は，これまでドイツ人にとって決して親しみのあるものではなかった。それどころか，今ようやくドイツ人に形成されなければならない政治形式ですらある。であるならば，ここに民主主義への政治「教育」に関して一つの問題が持ち上がる。というのも，そもそも「教育」は通常は，「その進行中に，古い世代が，その世代自身が知識や能力ということで，生活経験や意志の明確化ということで，その世代に固有のものと名づけるものを，これらのもの一切をまだもたない若い世代へと伝達するところの一つの過程」を意味しているからであり，しかるに，今問題となっている「民主主義」の場合，このような「年長者に一面的に与える者の役割を，青少年に一面的に受け入れる者の役割をあてがう」という教育図式が通用しないからである。そこでリットは，「もしわれわれドイツ人にあって政治教育が問題であるなら，重要であるのは，その特性が，年長者が教育し，青少年が教育されるということではなく，むしろ年長者も青少年も教育されるべきであるような教育事象である」として，ここに「自己教育」(Selbsterziehung) 概念を民族全体に転移して，「ドイツ民族の政治的自己教育」という課題を掲げるのである[20]。まさにこの書が『ドイツ民族の政治的自己教育』と題される所以にほかならない。

このような「民主主義」への「ドイツ民族の政治的自己教育」でリッ

---

19) Theodor Litt: Die politische Selbsterziehung des deutschen Volkes, in: Pädagogische Schriften. Eine Auswahl ab 1927, hrsg. von Albert Reble, S.151.
20) ibid., S.151-153.

トが特に注意を向けるのが,「洞察」(Einsicht) とか「知識」(Wissen) とか「認識」(Erkennen) といったいわば理性的ないしは理論的なものがもつ意義である。一般に政治教育においては,たとえばヴァイマル期のいわゆる「公民教育」にあって典型的に見られたように,「洞察」や「知識」等よりは,場合によってはこれらと対立する「志操」(Gesinnung) や「性格」(Charakter) や「意志」(Wille) といったものが重視されやすい。理論か実践か,洞察か志操か,という二者択一でいえば,後者に賛同が寄せられる傾向にある。確かに,民主主義が自明となっている社会の場合には,政治教育においては,ただちに実践的な志操形成に向かえばよいかもしれないが,今まさに民主主義が導入される社会にあっては,そうした二者択一は破棄されなければならず,理論的洞察の果たす決定的な役割が承認されなければならない。これをリットは現今の状況に引き寄せて,次のようにいうのである。

　ドイツ人は,みずからの行為によって国家を正しく評価することができるためには,国家について本当に「知る」ということがなければならない[21]。

　かくしてリットにとっては,「国家」や「政治」に関する理論の如何が政治教育の帰趨を決することになるのであるが,彼の見るところによれば,ドイツにおける過去数十年の政治教育理論を回顧するならば,そこに「一つの弁証法」が支配しているのが認められる。この弁証法は,「国家」や「権力」や「闘争」をめぐるもので,その経緯は,代表する著作をもってこれを示すならば,ケルシェンシュタイナーの『公民教育の概念』(Der Begriff der staatsbürgerlichen Erziehung, 1910) を起点とし,シュミット (Carl Schmitt) の『政治的なものの概念』(Der Begriff des Politischen, 1927) を経て,エティンガーの『パートナーシップ』にいたることになる。
　この内のまずケルシェンシュタイナーにあっては,学校は国家の原型であり,「労作教育」や「労作共同体」や「生徒自治」の原理に支え

---

21) ibid., S.155.

られることによって，公民的な徳の実行の場となるとされる。学校は，「道徳共同体」であり，「理性国家」であり，「文化国家および法治国家」であり，「正義と兄弟愛の国家」である。要するに，「道徳化された国家」である[22]。したがって，ケルシェンシュタイナーの公民教育論の背後にあるのは，「極度に調和的な国家思想」であり，そこにはいわゆる「国家権力」という契機は入り込む余地はない。権力を国家の本質としない点では，ケルシェンシュタイナーの徳は，社会的な共同生活や共同作業の徳であって，本来的に政治的な徳ではない，とするフェルスター（Friedrich Wilhelm Foerster）も同様である[23]。

ヴァイマル期を支配した，こうした楽天主義的な公民教育論は，次のナチス期においては，これとは真っ向から対立する，国家を前面に押し出し，権力や闘争を賛美するリアリズムの政治教育理論に取って代わられることになるのであるが，リットは，そのような新しい理論の思想的基盤をかのシュミットの『政治的なものの概念』に見いだす[24]。

> ケルシェンシュタイナーの『公民教育の概念』は，峻厳なアンチテーゼとして，カール・シュミットの『政治的なものの概念』と対立する――このカール・シュミットの著作においては，ナチズムの闘争的なエートスが自分自身を思想形式において再発見するのであり，ゆえにこの著作は，特にアカデミックな青年の大部分にとって政治的態度のカノンとなりえたのである[25]。

周知のように，シュミットにあっては，「政治的なもの」の本質は

---

22) Vgl. Georg Kerschensteiner: Der Begriff der staatsbürgerlichen Erziehung. なお，ケルシェンシュタイナーの公民教育論については，とりわけ，山﨑高哉著『ケルシェンシュタイナー教育学の特質と意義』玉川大学出版部，1993年，457-483頁参照。

23) Vgl. Friedrich Wilhelm Foerster: Staatsbürgerliche Erziehung, München 1910. 3., erw. Aufl. unter dem Titel: Politische Ethik und Pädagogik, München 1918.

24) シュミット著，田中浩／原田武雄訳『政治的なものの概念』未来社，1970年参照。ちなみに，シュミットのこの著作は，最初は1927年に "Heidelberger Archiv für Sozialwissenschaft und Sozialpolitik" の第58巻第1号に掲載され，1932年に単行本として出版されたが，ヒトラー政権が誕生した翌33年の第3版ではかなり内容が書き改められた。今日では，1932年版に拠るのが一般的であって，邦訳もこれを使用している。

25) Theodor Litt: Die politische Selbsterziehung des deutschen Volkes, S.160.

「友と敵」（Freund und Feind）という基本的な区別に求められ，このために，政治的なものの根本的な意味は「闘争」（Kampf）において示されるとされるのである。

　しかしながら，ナチス第三帝国の崩壊とともに，「民主主義」が根本課題となることによって，政治教育の振り子は逆方向へと転じた。そして，政治教育におけるこの新しい方向転換を象徴することとなったのが，エティンガーの『パートナーシップ』にほかならない。伝統的な「国家形而上学」を批判するエティンガーにとって，「政治的なもの」は「国家的なもの」に限定されずに，人間の社会生活全体にわたっている。民主主義は，国家の形式であるよりも，むしろ生活の形式である。政治は様々な社会組織において遂行され，そこではパートナーシップの精神が貫徹し，そのめざすべきところは「平和の維持」である。政治の本質に「闘争」が属するとしても，それは決して特別なことではなく，政治闘争も社会生活における様々な対決の一つにすぎない。ともあれ，このような「政治的なもの」を「社会的なもの」にいわば解消しようとする企てに対して，リットはとりわけ「国家」「権力」「闘争」といった視点から反論を呈しようとするのである。

　リットによれば，パートナーシップ論においては，「国家」が「社会生活によって展開される意志疎通と協業の形式」と並列の関係に置かれているけれども，国家は決してこれら形式と同列に扱うことはできない。なぜならば，国家は，これら形式とともにあるのではなく，これら形式の前提だからである。国家の根本機能は秩序を打ち立てるということであって，この秩序に基づいてのみ一切の社会生活の形式も可能となる。さらに，国家の根本機能が秩序の樹立にあるとするならば，いかなる秩序を打ち立てるか，いかなる国家を形成するか，ということが当然問題となってくるが，それに際しては，諸々の競い合い対立する秩序像や国家像がありうるわけで，したがって，「闘争」は不可避となり，現実に秩序を樹立し，それを維持するためには「権力」が必要とならざるをえないのである。

　リットの場合，「権力」が国家の本質契機であることは，すでにヴァイマル期において縷々説かれているところであるが，ここで新たに注目されるのは，この権力にかかわって「闘争」，つまり「政治闘争」（der politische Kampf）ということが主題化されていることであろう。リットの見るところ，ケルシェンシュタイナーでは背景に押しやられ，シュミットにあっては前面に押し出されていた政治闘争は，エティンガーにおいては，先に触れたように，その政治的意義が否定されないにしても，協同を原理とするまさにパートナーシップ精神によって，何ら特別に強調に値するものではなく，むしろ緩和されるべきものと性格づけられている。対立よりも統一，闘争よりも平和だ，というわけである。民主主義の立場からすれば，このことは一見もっともに思えるかもしれない。しかしながらリットは，「闘争」こそは，民主主義の生命原理であり，民主主義はこれを排除すべきではないとするのである。では，なぜそうなのか。

先述のように，国家の根本機能は秩序を打ち立てることにあるが，その際，その秩序については様々の考え方があるはずである。また，一度秩序が打ち立てられたとしても，その秩序は決して永久的なものではなく，その秩序が行き詰れば，新しい秩序がこれに取って代わることになる。つまり，唯一絶対の秩序理念というものは存在しないのである。だとすれば，つねに秩序理念について意見を戦わす必要があり，ここに「政治闘争」は不可避とならざるをえない。しかるに，いわゆる全体主義国家はこうした意味での闘争を否定する。

> 全体主義国家は，一つの理念についてのみ，つまりそれが自分自身の構築において従う秩序理念についてのみ知ろうとし，その秩序理念と競いうるかもしれない一切の他の秩序理念を，危険でそれゆえに是非とも根絶しなければならない愚鈍の過誤あるいは悪意の捏造へと組織的に引き下げる[26]。

広く全体主義国家に見られる暴力的な政治的粛正が，そうした闘争の否定を雄弁に証左している。これに対して，民主主義国家は，政治闘争を積極的に承認し，それを推進しようとする。

---

26) ibid., S.167.

第 3 節　民主主義への政治教育　　　　　　　　　　　　139

　民主主義は，まさしく，それが，秩序理念やそれら秩序理念に服する人間集団の戦いに，やっかいな欠点ではなく……生命原理を見るかぎりにおいて，全体主義の真の敵である。……民主主義は，その内部で一つになっている諸対立の闘争的対決の永続的要求である。……民主主義は，国家独占的なあらゆる救済論の拒絶に等しいのである[27]。

　こうしてリットにおいては，「政治闘争」が必要不可欠とされるのであるが，しかしここで誤解してはならないのは，リットの意味する「政治闘争」は，シュミット的なそれでは断じてないということである。シュミット的な闘争は，場合によれば，武器による闘争となって，戦争へと発展し，最終的には相手の物理的殲滅をめざそうとする「存在の闘争」(der existentielle Kampf) である[28]。これとは違って，リット的な闘争は，それがめざすのは「平和秩序」であり，あくまで理念的な闘争である。

　　ひとは，したがって，シュミットとは反対に，次のようにいうことが許されるであろう。すなわち，真に「政治的な」闘争は，友－敵－関係を広い領域にわたって無効にし，それを平和的な関係に取り換える状態の確立がそこにおいてめざされるかぎり，まさしく「存在の」闘争ではない，と[29]。

　平和をめざすという点では，エティンガーのパートナーシップ論も同様である。このかぎりにおいて，リットはパートナーシップ論を評価する。だがそれが，「平和的な協同の原理のためには消さなければならな

　27）ibid., S.168.
　28）「闘争」についてシュミットは次のように述べている。「ここでは，闘争という語は，敵という語とまったく同様に，その本来の存在様式の意味において解されなければならない。闘争とは，競合ではなく，「純精神的な」論議の戦いではなく，さらには……象徴的な「格闘」でもない。友・敵・闘争という諸概念が現実的な意味をもつのは，それらがとくに，物理的殺りくの現実的可能性とかかわり，そのかかわりをもち続けることによってである。戦争は敵対より生じる。……戦争は，敵対のもっとも極端な実現にほかならない」（シュミット著，田中浩／原田武雄訳『政治的なものの概念』25-26 頁）。
　29）Theodor Litt: Die politische Selbsterziehung des deutschen Volkes, S.170.

い過誤の極印を政治闘争に押す政治教育理論」となるのであれば，それは民主主義の生命原理の否定につながる。民主主義的なパートナーシップ論は，実は，民主主義を否定するところを含んでいるというわけである。要するに，パートナーシップ論に対してリットは，一方ではそれを認めつつも，他方では，そのあまりにも統一に傾斜した，共同志向的な面に疑念を投じるのである。いずれにしても，秩序理念をめぐる闘争を民主主義の根本原理と見るリットにあっては，エティンガーが影響を受けたデューイがそうであったと同様に，「民主主義」と「教育」は切り離しがたく結びついているとされるのである。

　　　真の民主主義は，みずからのその都度のコースを定めなければならない国民の判断の明晰さとともに盛衰する。真の民主主義は，そのためにまた，「教育」という名に満足を与える，成長過程にある人間へのかの作用と分かち難く結合している。この作用は，このような判断の明晰さへの覚醒にその任務の本質部分を見るのである[30]。

『ドイツ民族の政治的自己教育』の最後部分のタイトルが「民主主義と教育」となっている所以であろう。

第4節　政治教育における闘争

　先に触れたように，エティンガーの『パートナーシップ』は，1951年の初版では『政治教育の転換点』という書名であって，これが，1953年の第2版で『パートナーシップ』に改められたのであるが，1954年のリットの『ドイツ民族の政治的自己教育』におけるエティンガー批判は，リットは出典を明記していないものの，この第2版に拠ったものと思われる。これに対して，初版以降寄せられたパートナーシップ批判，わけても，「パートナーシップの立場に対する最も鋭い切り込みをテーオドール・リットがなした」[31]として，リットの批判を重く受

---

30) ibid., S.176.
31) Friedrich Oetinger: Partnerschaft. Die Aufgabe der politischen Erziehung, S.272.

け止めたエティンガーは，1956年に，パートナーシップ擁護論の一節を設け，『パートナーシップ』の増補改訂を行った。しかし，この第3版の刊行の前年に，つまりリットの『ドイツ民族の政治的自己教育』が現れた直後に，すでにエティンガーは，ヴェーニガーの「政治教育と市民教育」が掲載された例の『ザムルング』誌に，「パートナーシップ弁護」(Eine Lanze für die Partnerschaft) と題した論攷を，しかも本名の「テーオドール・ヴィルヘルム」名で寄せ，そこで，「以下においてなされる範囲設定は，ほかならぬテーオドール・リットから来ているテーゼに反対する方向に向けられている。」[32]として，リットに対する反論を試みていたのである。第3版の弁明部分も，この論文の内容を踏まえたものであり，弁護の基本的視座は同様であると判断されるので，ここではこの「パートナーシップ弁護」について少し詳しく取り上げておくことにする。

　さて，この論文におけるヴィルヘルム（エティンガー）の反駁は，政治教育における「権力」「闘争」「理性的洞察」という，リットがエティンガーを難じた問題にかかわって展開されている。この内のまず「権力」について，ヴィルヘルム（エティンガー）は次のように反論する。すなわち，リットは，パートナーシップ論は，「権力」を全く否定してはいないにしても，それの緩和を図ることによって，その本質を正しく評価していないとするが，民主主義にとってはこのような緩和こそが問題である。

　　民主主義の将来にとって決定的な問いは，われわれが，権力を善あるいは悪のいずれと見なすかということではなく，権力は人間の創造である，というわれわれの世代の経験を真面目に取り扱うかどうかということである。権力は人間の創造であるので，権力はコントロールできるし，またコントロールされなければならない。パートナーシップのテーゼにあっては，ちょうどこのことが問題である[33]。

---

　32) Theodor Wilhelm: Eine Lanze für die Partnerschaft, in: Die Sammlung, 9. Jg., 1954, S.225.
　33) ibid., S.228.

パートナーシップ論は，ドイツ的伝統である，権力の「道徳的-絶対的な根拠づけ」を拒否し，その肥大化を阻止し，それに節度を与えようとする。したがって，事態はこうである。

　事態は，政治教育の現代的課題に関する対決において，一方は……政治的な権力対立の鋭さを「和らげる」のを好み……しかるに，他方は，厳しい事実を幻想なしに注視する，というのではない。そうではなくて，他方が飽きもせずに，政治生活の闘争性格を古くて親しい強調でもって改めて際立たせているのに対して，一方は，いかにして権力は緩められるかを問うている，ということである[34]。

つまるところ，ヴィルヘルム（エティンガー）にいわせれば，権力の強調に拘泥するリットの議論は，「ヘーゲル以来われわれの運命である形而上学的な権力の根拠づけの黄昏」にほかならないというわけである。

次に，「闘争」に関しても同様に，ヴィルヘルム（エティンガー）は，リットはドイツ的伝統に囚われていると反駁する。

　明らかに，われわれは，闘争の本質や現象様式についてだけでなく，同様に，ありうる平和状態の性質についても考え直すようにならなければならない。いずれにしても，われわれに立てられている政治教育の課題は，われわれに，本質的な思考習慣から決然と抜け出すことを求めている，というこの一事は確かである[35]。

「闘争」と「平和」の両者を絶対的に対立させるドイツ的な思考伝統においては，「プラグマティズム世界」が示すような，「本来の意味においてわれわれの現代の政治的実存を決しているあらゆるかの中間段階」は見えてはこない。政治教育は，パートナーシップ論が誤解を受けたような「永久平和のヴィジョン」によっても，リットのような「永久闘争のヴィジョン」によっても，導かれるものではない。加えて，「闘争と

---

34) ibid., S.227.
35) ibid., S.231.

平和に関する一連の伝統的な考え」にあって支配的なのは，とりわけ「外交的および軍事的な思考習慣」である。政治的な闘争は，決して軍事的な闘争（戦闘）ではない。

> 政治的な闘争は，原則的に敵の殲滅に向けられている兵士の戦闘から，全体としてかなりはっきりと区別される。パートナーシップは，この意味で，全く明白な政治的な様式である。……「生命が継続すること」（エティンガー）を決して見失わない者のみが，政治的行為の範囲にとどまる。リットが政治闘争に目標や課題として立てているような（先行的な）秩序の樹立は，私には現実的には，圧倒的に軍事的な課題であるように思われるのである[36]。

さらに，政治教育における「理性的洞察」の意義に関しては，ヴィルヘルム（エティンガー）は，その有意義性を認める点ではリットに反対するものではないとしつつも，他方，これまで不当にも「人間的品位の周辺」に追いやられてきた「習慣」の意義を強調しようとする。なぜならば，「習慣」こそは，「われわれが一般にありうると見なす以上にはるかに強く全人格の力を「詰め込んでいる」」からであり，「習慣」が人格全体に深くかかわるものである以上，それを政治教育において積極的に取り込むことは，かの二者択一的問題に決着をつけることになるからである。

> 政治教育における洞察の役割をめぐる論争にあって，この論争が習慣のパートナーシップ的強調によって決定済みであるかぎり，われわれが重きを置くのは意志陶冶か知的陶冶かということは，本来全く問題ではない，ということが示される。洞察か志操か，理性か感情か，知識か習慣かというのは，論争に値する問いではない。そうではなくて，われわれが丁寧に検討すべき（そしてパートナーシップのテーゼが提起しようとしている）問いは，われわれは，公民的性格教育を圧倒的に志操陶冶として行い，公民的教化を圧倒的に洞察

---

36) ibid., S.232.

の教育に合わせて行うということをうまくやってきたのか，という問いである。より強力な政治的習慣陶冶を私が支持するのは，本来，政治的な理性や学習や洞察の育成が重要でないと言い張るためではなかったのであって，一方ならびに他方のいずれの側でもわれわれはどのようにスタートさせるべきか，という問いが問題なのである[37]。

　以上のヴィルヘルム（エティンガー）の反批判にかかわって，ここで最後に，リットおよびヴィルヘルム（エティンガー）の両者において問題となっている「闘争」について立ち入って考察を加えておくことにしたい。
　そもそも人間社会は，その構成原理として，「差異性」を強調するか，「同一性」を強調するかに応じて，具体的様相はかなり違ったものになってくるであろう。民主主義は一般に「自由」と「平等」を根本原理とするといわれるが，同じ民主主義であっても，「差異性」を強調すれば，「自由」の重視に，「同一性」を強調すれば，「平等」の重視に傾く。「差異性」原理は「闘争」や「競争」を，「同一性」原理は「協調」や「共同」を推し進めようとする。エティンガーのパートナーシップ論は，これら両原理の内，「同一性」原理に重きを置いたものとして理解できるだろう。実際のところ，デューイのcommunity概念の影響を受けたとおぼしきその理論に見受けられるのは，強い「共同体」志向にほかならない[38]。
　これに対して，リットの立場は，すでに述べたように，「自由」を出発点とする。「自由」は，あれでもありうるし，これでもありうる，そして，あれであるのとこれであるのとは相違する，というところにこそ存する。当然のことながら，「差異性」が「自由」の前提である。国家秩序の理念についても，そうであって，唯一の理念しか認められないと

　37）　ibid., S.234. なお，「習慣」の教育的意義については，菱刈晃夫著『習慣の教育学』知泉書館，2013年参照。
　38）　パートナーシップ論は，当然のことながら，「階級闘争」を否定し，労使協調路線に立つので，「社会の有機的統一性という仮構に依って立ち，現代資本主義社会のもっとも奥深い矛盾を素通りした労使協調の思想」（中野光／三枝孝弘／深谷昌志／藤沢法暎著『戦後ドイツ教育史』93頁）と評されたりした。

ころには,「自由」は存在しない。繰り返すことになるが, リットの場合, そうした「自由」を推進するのが「民主主義」, それを抑圧するのが「全体主義」とされ, このために, 秩序理念をめぐる「闘争」は「民主主義」の生命原理と見なされることになる。

したがって, リット的な立場よりすれば, 同一性原理を強く押し出し, ある種の秩序理念を絶対視する過度の共同体志向は, 実は, 民主主義よりは, 全体主義の方向にあるということになってくる。パートナーシップ理論についていえば, それが「平和的な協同の原理のためには消さなければならない過誤の極印を政治闘争に押す政治教育理論」であるならば, それによっては,「まさしく民主主義に対して……最悪のことがなされる」[39]。事実, エティンガーに対しては, 「民族共同体」の理念を掲げるナチズムへの「共感」が問題にされ[40], 次のように指摘されてきたのである。

　　家族—地域—国家を同心円的に捉え, 国家を人間関係 (パートナーシップ) に縮減して家族の延長線上に置いてしまう彼 (エティンガー引用者注) の理論は, ナチズムと (いわゆる, アメリカ) 民主主義の近さを象徴する存在と言えるだろう[41]。

けれども, ここで今一度注意しておかなければならないことは, リット的な闘争はあくまで精神的な闘争である, ということである。それは, 闘争相手をシュミット的な意味での「敵」としてではなく, この点ではむしろエティンガー的に「パートナー」として, しかし, 同一的なパートナーとしてではなく, 差異的なパートナーとして見なすもので, 他著でリットが引き合いにだしているヤスパース (Karl Jaspers) の表現を用いるなら,「愛しながらの闘争」(der liebende Kampf) である[42]。

---

39)　Theodor Litt: Die politische Selbsterziehung des deutschen Volkes, S.168.
40)　近藤孝弘著『ドイツの政治教育』27-28 頁。
41)　近藤孝弘著「ヨーロッパ統合のなかのドイツの政治教育」『南山大学ヨーロッパ研究センター報』第 13 号, 2007 年 3 月, 115-116 頁。
42)　Vgl.Theodor Litt: Wissenschaft und Menschenbildung im Lichte des West-Ost-Gegensatzes(1958), 2.Aufl. Heidelberg 1959, S.64. ヤスパースは,「闘争」は人間が乗り越えられない「限界状況」であって, それは実存間においても不可避ではあるが, ただし,

リットのいう政治闘争は，断じて軍事闘争（戦闘）ではないのであって，それゆえに，「リットが政治闘争に目標や課題として立てているような（先行的な）秩序の樹立は，私には現実的には，圧倒的に軍事的な課題であるように思われる」というエティンガーの批判はあたっていないといえよう。

いずれにしても，リットの理論は，対立や闘争，つまりは「コンフリクト」（Konflikt）ということを政治や政治教育の本質契機とするところに特徴を有するのであって，したがって，彼については，クラフキに見られるように，「政治陶冶におけるその後のコンフリクト傾向の先駆者」[43]とか，あるいは「コンフリクトを根本原理として政治陶冶構想の中心に据えた最初のオーサー」[44]という評価がなされることになる。この点で興味深いのは，ヴィルヘルム（エティンガー）の弟子にあたるギーゼッケ（Hermann Giesecke）が『政治陶冶の教授学』（Didaktik der politischen Bildung）で開陳した政治教育理論であろう。この書でギーゼッケは，エティンガーおよびリットの問題点を剔抉しつつも，師のエティンガーについては，「開かれた新しい始まりのオーサー」，これに対してリットについては，「すでに確立している保守的な体制側のオーサー」であるとしている[45]。けれども，ギーゼッケがみずからの立場のキーワードにしているのは，「パートナーシップ」とか「協同」ではなく，「コンフリクト」ということである。このゆえに，ギーゼッケ——とはいっても，この時期のギーゼッケではあるが——は，「政治陶冶におけるその後のコンフリクト傾向」の代表者と見なされることになるのであるが，その意味では，1970年代を風靡した，ギーゼッケあたりを代表者とするコンフリクト政治教育理論の「先駆者」としてリットを位置づけることは大いに可能である。

しかしながら，この「先駆者」という評価には，然り，そして否とい

実存間においては「愛しながらの闘争」となるとした。Vgl.Karl Jaspers: Philosophie Ⅱ. Existenzerhellung(1932), 3.Aufl. Berlin/ Göttingen/Heidelberg 1956, S.242ff.
　43) Wolfgang Klafki: Theodor Litt, in: Klassiker der Pädagogik Ⅱ, hrsg. von Hans Scheuerl, München 1979, S.254.
　44) Wolfgang Klafki: Die Pädagogik Theodor Litts, S.370.
　45) Hermann Giesecke: Didaktik der politischen Bildung(1965), 10.Aufl. München 1976, S.35.

うべきであるかもしれない。なるほど，調和主義の拒否という点では，リットとギーゼッケは軌を同じくしている。が，階級闘争的なコンフリクトを強調し，コンフリクトの尖鋭化をねらいとするギーゼッケと，あえてイメージするなら，たとえばアーレントが思い描く[46]，ポリスにおける多元性を前提とした自由な対話的討論を連想させるリットでは，やはり性格を異にしていると見なければならない。その点では，レブレと同様に，次のようにいわざるをえないだろう。

　　リットの調和観拒否，および，民主主義における政治闘争の自由や承認に対する彼の支持は，したがって，たとえばギーゼッケに見られるような，階層特殊的なコンフリクト水路づけやコンフリクト尖鋭化に向けられた傾向と一つにされてはならない。リットは決してそうした傾向の「先駆者」ではない[47]。

　リットの議論は，具体的状況を背景にしつつも，例によって原理的で抽象度が高く，それゆえに，具体的提案に欠けるという非難が当然出てくる。けれども，それだけに逆に時代を越えた普遍性を有しており，今日においても傾聴すべきところを多く含んでいると判断される。今日のわれわれがまず何よりもリットから取り出すものがあるとするならば，恐らくそれは，「差異性」ないしは「複数性」（アーレント）の原理に立った「多元主義的民主主義」（die pluralistische Demokratie）ということになるのではないだろうか。そして，リットみずからはといえば，このような民主主義理論でもって，冷戦構造下における政治および政治教育をめぐる議論の場に赴くことになるのである。

---

　46)　アレント著，志水速雄訳『人間の条件』ちくま学芸文庫，1994 年参照。
　47)　Albert Reble: Wesen und Aufgabe der politischen Erziehung, in: Theodor Litt. Pädagogische Analysen zu seinem Werk, hrsg. von Friedhelm Nicolin/Gerhard Wehle, Bad Heilbrunn 1982, S.117f.

第7章
共産主義と自由の問題

―――――

　リットが，冷戦構造下のその晩年において，政治的・政治教育的に並々ならぬ関心をもって取り組んだのが，「共産主義」（Kommunismus）の問題である。彼にとっては，「共産主義」は一つの「世界史的な実験」であり，一つの「教育的な実験」であった。だが，それは多くの困難や矛盾を抱えた実験でもあった。この実験の結果はどのようになったか。本章では，こうしたリットの「共産主義」論，とりわけその批判を取り上げ，そこにおける問題点について検討することにしたい。

第1節　ソヴィエト化と教育の自律

　20世紀は，レーニンが予言した通り，「戦争と革命の世紀」となった[1]。戦争と革命は，複雑に交錯しつつ，人類史上未曽有のこの世紀を根本的に規定した。とりわけ，ロシア革命に端を発して成立したいわゆる「共産主義国家」の発展は，政治世界を2つの陣営に分割し，「冷戦構造」と称される独自の仕組みを創出した。「共産主義」という「妖怪」（Gespenst）は，ヨーロッパに現れるどころか，全世界を跳梁することになったのである。時代の政治動向につねに敏感であり，しかも，東西ドイツの分裂という状況下で冷戦構造の只中に身を置いたリットにとって，共産主義の思想と現実がその晩年の最重要のテーマとなったのは，

---

1) アーレント著，山田正行訳『暴力について』みすず書房，2000年，97頁参照。

蓋し当然のことといわなければならない。

　リットの共産主義へのかかわりに入る前に,「共産主義」というタームについて触れておく必要があるだろう。「共産主義」を単に思想だけでなく運動や社会体制をも含めて総体的にとらえた場合,これには様々な形態があり,また,いわゆる「社会主義」(Sozialismus) と同義的であったりもするが,ここでいう「共産主義」は,マルクス主義的な意味での「共産主義」のことである。とはいえ,このような意味合いにおける「共産主義」も,狭義と広義の2つの意味に分けて考えてみることができる。周知のように,マルクス自身は,『ゴータ綱領批判』の中で,完全な共産主義社会にいたるまでの段階を,資本主義社会から生まれたばかりの,生産手段は社会全体に属しているものの,消費手段はまだ各人の欲望ではなく,労働に応じて分配される移行期的な「第一段階」と,各人がその能力に応じて労働し,その欲望に応じて消費手段を分配される「より高度の段階」に区分した[2]。これを受けてレーニンは,『国家と革命』において,「社会主義と共産主義の科学上の差異」を問題にしつつも,マルクスのいう「第一段階」は普通「社会主義」と呼ばれるもので,これが完全な共産主義でないことを忘れなければ,それを「共産主義」ということはできるとした[3]。したがって,「共産主義」といっても,狭義的にはマルクスやレーニンのいう意味での「より高度の段階」に限定されることになるが,広く解すれば,「第一段階」,つまり「社会主義」をも含むことになる。ここでいう「共産主義」というのは,こうした広義においてであり,リットみずからもそのような意味で「共産主義」という言い方をしているのである。

　さて,リットの「共産主義」体験は,彼が戦後の活動をライプツィヒで本格的に開始したところからはじまる。ライプツィヒは,当初はアメリカ軍が占領したものの,すぐさま1945年7月には「ソヴィエト占領地区」(Sowjetische Besatzungszone Deutschlands, 略称 SBZ) となった。その反ナチ的な態度によっていわば「一種の民主主義の看板」[4]となったリットは,ドイツの復興と民主化のために尽力するのであるが,けれ

---

2) マルクス著,望月清司訳『ゴータ綱領批判』岩波文庫,1975年,35-39頁参照。
3) レーニン著,宇高基輔訳『国家と革命』岩波文庫,1957年,137頁参照。
4) Albert Reble: Theodor Litt, S.190.

第1節　ソヴィエト化と教育の自律　　　　　　　151

ども，やがて「ソヴィエト化」を推進しようとする勢力と彼との間で葛藤ないしは対立が生じることになる。たとえば，この年の12月13日にリットは，「キリスト教民主同盟」（Christlich-Demokratische Union Deutschlands, 略称CDU）と「自由民主党」（Liberal-Demokratische Partei Deutschlands, 略称LDPD）が主催した学生集会で，すでに触れた「研究と政治」という講演をし，そこで政治が結びつかなければならない「真理意志」というものを問題にして，これにかかわって「ナチズム」とともに「弁証法的唯物論」に批判を加えた[5]。が，このことの結果，ライプツィヒ大学において翌年の4月23日に彼に講義禁止の処分が下されるということがあった[6]。そして，リットとソヴィエト化推進勢力との間のこうした対立が，思想的にも顕著に現れたケースとしてとりわけ挙げられるのが，雑誌『教育学』（Pädagogik）に掲載された彼の論文「教師養成に対する教育理論の意義」をめぐる出来事にほかならない。

　この出来事の発端は，リットのベルリン教育会議での講演である。「教師の大学での研究における哲学と教育学と心理学」（Philosophie, Pädagogik und Psychologie im Universitätsstudium der Lehrer）をテーマとしたこの教育会議は，1946年6月28日と29日の両日に，「ソヴィエト占領地区」の「ドイツ中央教育行政庁」（Deutsche Zentralverwaltung für Volksbildung）によって開かれたもので，この会議においてリットは「教師養成に対する教育理論の意義」と題する講演を行ったのである。この講演は早速，同年に創刊された『教育学』の第1巻第4号にそのまま印刷される運びとなった（ただし，講演後の討議でのリットの締め括りの部分は省いてある）。その後長い間東ドイツの最も代表的な教育誌となるこの『教育学』は，「民主主義と人間性と国際協調によって導かれ

　　5）　この「研究と政治」については，Vgl.Carsten Heinze: „Die Loslösung vom Osten war unsäglich mühevoll und umwegreich." Erste Ansätze Theodor Litts zu einer Demokratietheorie in der Sowjetischen Besatzungszone Deutschlands(SBZ)1945-1947, S.263f.
　　6）　Vgl.Carsten Heinze: „Die Loslösung vom Osten war unsäglich mühevoll und umwegreich." Erste Ansätze Theodor Litts zu einer Demokratietheorie in der Sowjetischen Besatzungszone Deutschlands(SBZ)1945-1947, S.269. なお，先に引用した，「弁舌の才に恵まれたテーオドール・リットは，マルクス主義理念の批判も惜しまないその講義で大好評を博し，そのためロシア当局はついに彼を停職に処した」（ガーダマー著，中村志朗訳『哲学修業時代』162-163頁）というガダマーの言は，このことをさしているものと思われる。

た教育の理論と実践への寄与」のために「あらゆる生き生きとした進歩的な力」を呼び起こすことを趣旨に創刊されたものであって[7]，創刊時には，ランゲ（Max Gustav Lange），アルト（Robert Alt），ゼーリング（Rudolf Söhring）の3名を編集者とし，これに十数名の著名な教育学者等が協力者として編集を支援する体制をとっていた。そして，その協力者に，ガダマーやペーターゼンとともに，リットも名を連ねていたのである。

　この『教育学』に掲載された「教師養成に対する教育理論の意義」でリットが述べるところによれば，教育は，ブーバー（Martin Buber）のいう「我－汝」（Ich-Du）関係に基礎を置いており，その意味で，「我－それ」（Ich-Es）関係に基づく技術とは本質を異にしてはいるが，こうした「我－汝」的な教育者と被教育者の「教育関係」（der pädagogische Bezug）は，決して真空の中にあるのではなく，一定の歴史的な「精神的状況」（die geistige Lage）の内にあり，「超個人的な力」（die überpersönlichen Mächte）によって制約されている。したがって，「教育的自律」（die erzieherische Autonomie）は否定されなければならず，教育理論が何にもまして教師に与えるべきは「歴史的立場意識」（ein geschichtliches Standortbewußtsein）ということになるものの，けれども，他方では教育は超個人的な力の命ずることの忠実な実行ではなく，そこには自由というものがなければならない。

> われわれは，超個人的な力の承認にあっても教師に否認されることのできない責任と内的自由を確信することによって，「教育的自律」の概念から，この概念に真理内容ということで内在しているものを取り出す。われわれが今やいってよいように，教師がみずからの時代の生活内容やみずからの教育活動の陶冶内容に臨むにもってするのは「相対的自律」である。教師はこれらの力から解放されることはできないし，また解放されるべきではない。なぜならば，これらの力の協力なしには，いかなる教育も存在しないからである。だがまた，教師は，ひとが圧倒的な宿命を黙って従って受け入れるよう

---

[7] Die Redaktion der Zeitschrift „Pädagogik": Zum Geleit , in: Pädagogik, 1.Jg., H.1, 1946, S.2.

第1節　ソヴィエト化と教育の自律　　　　　　　　　　153

に，これらの力にみずからを任せてもならないのである[8]。

　こうしてリットは，「教育の相対的自律」という立場を打ち出し，教師に対して，「党派的な意志の熱狂」に身を委ねるのではなく，「超党派的な観察者」となることを求め，そして，このことを教師に可能にすることにこそ教育理論の本来の任務があるとするのである。
　先に触れたように，リットの講演原稿はそのまま印刷され，そのかぎりでは問題はないのであるが，ところが，編集者によって次のような前書きが，しかもリットに前もって相談なしに付けられたのである。

　『教育学』は，ドイツにおける民主主義教育学の問題を解明しようとするものであって，テーオドール・リット教授（ライプツィヒ大学）が，ベルリンにおいて，1946年6月28日と29日にソヴィエト占領地区のドイツ中央教育行政庁が催した研究会議「教師の大学での研究における哲学と教育学と心理学」で行った講演でもって，これらの問題に関する議論の口火を切る。『教育学』の編集局は，講演者が述べることの幾つかとは一致することはできない。リット教授は，冒頭で「教育的自律」を拒否する一方，さらに述べたところでは「相対的な教育的自律」を擁護しているが，現在の状況を正しく評価していない。講演に続く発言では，現代の政治問題に対する教育者の立場の問題が特に論じられた。教育者に機構外部での位置や大きな現代的問題をめぐる政治的意見の争いからの退避を求める講演者が述べたこととは反対に，あらゆる教育的努力の政治的意義が，そして，民主主義に賛成し，そのためにあらゆるファシズム的傾向に反対する政治的態度の必要性が，強く指摘された。編集局は，リット教授の述べるところを議論に付し，教育における理論家および実践家である雑誌の読者諸氏が，民主主義教育学の根本問題を顧慮された根拠ある見解を編集局に寄せられることをお願いしたい。編集局は，『教育学』の次号において，その立場を立ち入って

　8） Theodor Litt: Die Bedeutung der pädagogischen Theorie für die Ausbildung des Lehrers, in: Pädagogik, 1. Jg., H.4, 1946, S.31.

定めるであろう[9]。

このようなコメントを目にしたリットは，欺かれたと感じ，ただちに編集協力者を辞任すると同時に，編集局に抗議の書面を送った[10]。そこで，このリットの抗議に応じる意味をも含めつつ，「編集局は，『教育学』の次号において，その立場を立ち入って定めるであろう」という予告の通りに，『教育学』の第1巻第5号に現れたのが，編集者の一人であるランゲの手になる「教育の自律」（Die Autonomie der Pädagogik）という論文である。

この論文においてランゲは2つの点においてリットを批判しようとしている。その第1は，教育を規定している超個人的な歴史的状況を表示するにあたって，リットが「精神的状況」という表現を用いている点である。

> われわれの反対は，リットが「超個人的な力」をより詳しく規定し，このような超個人的な力に対して「精神的状況」という表現を用いているところにある[11]。

歴史的に実現されるのは，ヘーゲルやディルタイ，そしてリットが考えるように，決して「精神的」な力ではなく，「社会的」（gesellschaftlich）な力であって，したがって，歴史的な過程としての教育は，「社会的構造」からのみ理解されなければならないというのである。

そして，その第2は，リットが「相対的自律」の立場から政治的な「党派性」を拒否している点である。

> 教育の「相対的自律」という概念からのリットの帰結は……根拠が十分あると見なされることはできない。彼が教師に「最も広い意味

---

9) ibid., S.22. なお，この論文の教育関係論史上における意義については，宮野安治著『教育関係論の研究』溪水社，1996年，121-125頁参照。

10) Vgl. Eva Matthes: Die Litt-Rezeption in der SBZ und in der DDR anhand ausgewählter Beispiele, in: Pädagogische Rundschau, 54. Jg., H.3, 2000, S.247f.

11) Max Gustav Lange: Die „Autonomie der Pädagogik", in: Pädagogik, 1. Jg., H.5, 1946, S.23.

で理解された党派の争い」を越えた高い位置に立つことを要求するのであれば，彼は教育が引き出すことができない帰結を教育から引き出していることになる。教育が子どもや青少年の成長を，社会の発展が阻まれるべきでないように導くべきであるならば，子どもや青少年はまた政治的に教育されなければならない[12]。

　ファシズムと軍国主義に反対する教育ということからすれば，リットの見解は形式主義的であって，教師には実質的に「ある特定の政治的信条」が求められなければならないというわけである。
　同じように「民主主義」を標榜するとはいえ，「教師に否認されることのできない責任と内的自由」を確信し，あくまでもリベラルな立場に徹するリットと，上部構造的な教育の自律を否定し，政治主義的にソヴィエト化を図ろうとするランゲの立場は，ここにおいて明瞭であろう。そして，こうしたソヴィエト化は，この出来事の後一層進行するのであるが，その進行に抵抗することの限界を感じたリットが，翌年の9月にライプツィヒを去り，彼が大学教師として出発したボンに帰ることになるのは，すでに述べたところである[13]。

第2節　共産主義批判の諸相

　ところで，リットがまだライプツィヒにとどまっていた1947年3月，アメリカ大統領トルーマンは，後に「トルーマン・ドクトリン」と呼ばれるようになる有名な演説を行い，ソ連「封じ込め」のために，自由主義と全体主義の2つの生活様式を峻厳に対立させ，次のように語った。

　世界史の現段階では，どの国民も，自らの生活様式を選択せざるを

---

[12]　ibid., S.31.
[13]　ランゲは，1948年にはハレ大学の教育学部長となり，ソヴィエト化に尽力するが，50年代のはじめに西ベルリンにいわば亡命し，今度は逆に『全体主義的教育』(Totalitäre Erziehung, Frankfurt am Main 1954) といった反共的な書を著わしたりするようになる。Vgl. Albert Reble: Theodor Litt, S.191.

えない。ただそれはたいていの場合，自由な選択ではない。一方の生活様式は，多数意志に基づき，自由な制度，自由な選挙，個人的自由の保証，言論・宗教の自由，政治的抑圧からの自由から成り立っている。他方の生活様式は，少数の意志に基づいており，それが多くの人々に押しつけられている。テロと抑圧，新聞・放送の統制，見せかけの選挙と自由の抑圧が，その特徴である。私は，合衆国の政策こそ，武装した少数派や外からの圧力による征服に抵抗する，自由な諸民族を支持することでなければならないと考える[14]。

　この冷戦イデオロギーを先取したいわば宣戦布告，またそれに続く「マーシャル・プラン」に対するソ連の反発によって，冷戦状態は決定的となり，そしてその2年後には，一方では「ドイツ連邦共和国」が，他方では「ドイツ民主共和国」が成立して，周知のように，ドイツは東西分裂の時代に入ることになるのである。
　いわゆる「西側世界」に身を置いたリットにとって，ソヴィエト占領地区での体験およびその後の「東側世界」の経験は，トルーマン・ドクトリンの具体的意図はどうであれ，トルーマン・ドクトリン的に，「共産主義」がナチズムと同様に一種の「全体主義」であり，それが「民主主義」に根本的に対立するものであることを確信させる決定的な契機となった。こうして，本章の冒頭でも述べたように，「共産主義」という問題がリット最晩年の最重要のテーマとなるにいたる。

　　1955／56年以降，リットの哲学的，政治的および教育学的な思考において，一つの問題がますますもって重要となる。すなわち，共産主義との対決という問題である。1957年以降，リットの講演や出版物の圧倒的多数は，全くあるいはかなりの程度このテーマに捧げられている[15]。

　そして，このような問題を取り扱った著作の中で，とりわけ代表的な

---

14) クリストフ・クレスマン著，石田勇治／木戸衛一訳『戦後ドイツ史 1945－1955』未来社，1995年，210-211頁参照。
15) Wolfgang Klafki: Die Pädagogik Theodor Litts, S.372.

ものとして挙げられなければならないのが，1958年に初版が出た『東西対立に照らした科学と人間陶冶』と，リットが亡くなる1962年に出版された，「民主主義の哲学と教育学について」という副題が添えられた『自由と生活秩序』であろう。したがって，ここでこれら両書を取り上げることにしたい。

この内のまず『東西対立に照らした科学と人間陶冶』であるが，これはいわば論文集であって，初版段階では5本の論文より構成されていたのが，1959年の第2版で新たに1論文が追加されて6本立てとなったものである。「序文」においてリットは，この書の執筆の動機について次のように述べている。

　　これら論文の公刊へと私を動かしたのは，西側，あるいは少なくとも西ドイツにおいては，共産主義の形態をとって自由世界に忍び寄る精神的脅威を防衛するために，危険の大きさが自ずとして命じ，その危険性を示している多くのことが少しもなされていない，という確信であった[16]。

もっとも，「共産主義の形態をとって自由世界に忍び寄る精神的脅威の防衛のために」書かれたとはいえ，この目的に関して6論文の間には直接間接の程度の差があるし，当然のことながら，重複するところが散見される一方，それぞれに問題の取り上げ方や考察の視点の固有性が見られるのである。

まず，その内の「現代の自己理解」（Das Selbstverständnis des gegenwärtigen Zeitalters）と題された第1論文においては，現代における有力な「自己理解」として「共産主義」の世界解釈が挙げられ，これがある意味で「啓蒙主義」の後裔であることが指摘されている。

リットの見解では，そもそも「啓蒙主義」は，それまで一体となっていた「人間」と「生活秩序」――この場合リットのいう「生活秩序」とは，「人間が共同生活をまとめ，安定させ，継続させようとすることをさせる挙行や制度の全体」を意味するのであるが――この両者を切り

---

16) Theodor Litt: Wissenschaft und Menschenbildung im Lichte des West-Ost-Gegensatzes, S.3.

離すことによって，超歴史的な「人間」に対して，「生活秩序」を歴史的変遷の流れに投じるとともに，他方では，歴史的な生活秩序が普遍人間的な「理性」によって規定される過程，いわゆる「合理化」の過程を「進歩」としてとらえ，この進歩の究極においては「人間」と「生活秩序」は再び一つとなって，そこに歴史は終わると考えた。そこで，この「進歩の哲学」を現代において引き継いでいるのが，まさしく「共産主義」にほかならないのである。

とはいえ，啓蒙主義の場合には，歴史過程が単純に理性の上昇的進行と解されているのに対して，共産主義にあっては，それが「弁証法的」に把握されてはいる。けれども，「克服されなければならない過去から完成を成就する未来への通過としてみずからを理解する現在の自己解釈は変わってはいない」[17]。啓蒙主義同様に，共産主義も「合理化」は人間性の促進であり，それはとりもなおさず「進歩」であって，この「進歩」の果てで歴史は終焉すると見る。そこに「共産主義の救済論」の魅力が存する。

しかしながら，リットの立場からすれば，合理化の強引な推進は，逆に人間の抑圧を招来するのであって，合理化と人間化がつねに緊張関係にある以上，人類の歴史が完成されることはありえない。

> われわれが聞いたことには，啓蒙主義の人類哲学に従った共産主義の教説は，われわれが「歴史」と名づけるかの一連の出来事の中に，人類の発展が超歴史的な完全性および至福の状態へと流入するために克服される必要がある諸々の取り組みの系列を見ることができるだけである。歴史的な「進歩」の方向は，歴史を越えた時点から定められている。われわれは……歴史の辛苦にうめいている人類はいつか……歴史を越えた状態で安らぎに達するだろう，という考えに別れを告げる。……むしろわれわれは，人間と歴史とは厳密な意味で互いに連帯しているということ，人間であることは，歴史を受け入れ，かつそれを動かすことであり，歴史をもつことは，人間であることであるということを告白する。歴史を越えた人間は幻影

---

17) ibid., S.16.

第 2 節　共産主義批判の諸相

であって，この幻影にみずからの努力の照準点を見るべきだと考える時代の自己理解は，極めて多くの鬼火を追い回している現代の最も破滅的な自己欺瞞に属している[18]。

　要するに，この論文においては，共産主義のいわば歴史観が批判されているのである。
　次に，第 2 論文「西洋精神と共産主義の人間像」（Der abendländische Geist und das Menschenbild des Kommunismus）が問題としているのは，タイトル通り，「西洋精神」と「共産主義」の関係であり，そこにおいて現れる「人間像」である。
　それに際してリットは，「共産主義の系譜は，スターリンから，レーニンやマルクスやエンゲルスを越えて，ヘーゲルおよび啓蒙主義にまでさかのぼる」[19]とし，「真理」「自由」「正義」という西洋精神の根本価値を強調し，それに基づいた「人間像」を掲げる共産主義を西洋の精神的発展の線上に位置づけつつも，本質的には共産主義の人間像は西洋精神に悖るものであるとする。というのも，共産主義は国家を後ろ盾にした「唯一の科学」によって「唯一の人間像」を基礎づけようとしているのであるが，しかるに，かの根本価値については「全く多様な意見や確信や信条や党派」が存在するのであって，したがって，そうした多様性を認めない「唯一の人間像」は人間精神の発展を阻止するものでしかないからである。こうしたことからリットは，「唯一の人間像の放棄」ということを主張する。

　　人間像は，国家によって唯一妥当性の特権を授けられている自称科学によって展開され，その個々の特徴が仕上げられるなら，その頑なな変更不可能性と独断的な不寛容さで，人格的生のあらゆる多様性に死刑を宣告し，そうして，真の人間存在の墓穴となる。一なる科学から導出されるのではなく，可能な科学の条件をそれ自体で含んでいる価値世界は，人間的なものの多様な形態を一様化する図式主義の犠牲から十分に距離をとることによって，多数の互いに違う

---

18)　ibid., S.35f.
19)　ibid., S.40.

互いに対立する生活の方向をまさしく要求する[20]。

　西側世界の教育者の間に，東側世界には教育を導く確固とした人間像が存在するのに反して，自分たちにはそのような人間像がないと嘆く向きがあるが，そのような欠如は決して人間像のアナキーを意味するのではなく，むしろ自由で多様な人間存在の根本的な在り方に基づくものであるというわけである。

　そして，全論文中で共産主義の問題を最も前面に据えていると目されるのが，「労働集団と国家的－社会的生活秩序」(Das Arbeitskollektiv und die staatlich-gesellschaftliche Lebensordnung) というタイトルを冠した第3論文にほかならない。

　この論文の出発点をなしているのは，近代の産業社会を批判するに際してしばしばいわれる「機械化」(Mechanisierung) ということである。リットによれば，共産主義は，次のように説明することによって，この「機械化」は克服されるものと考えている。

　　人間的活動の「機械化」は，資本主義的な社会秩序においてのみ存在する。産業生産に含まれている人間化の可能性を現実化することは，共産主義に残しておかれている——他方，この可能性を冷酷に押さえつけることが，資本主義の本質に属している。この理由から，そしてまた，資本主義的な社会秩序を共産主義的な社会秩序によって排除する階級闘争は，人間生成の真の助産者である。この階級闘争によってはじめて，人間は「疎外」から解放され，自分自身へと自由にされる[21]。

　しかしながら，本当のところは，「共産主義は，それが打ち立てた秩序によって，機械化を停止させなかった，あるいは後退させなかっただけではない。機械化を維持しただけではなく，極めて手に負えないかつ極めて悪質な形式へと押し上げてしまった」[22]。共産主義にとって特徴的

---

20) ibid., S.65.
21) ibid., S.73.
22) ibid., S.79.

なことは，自然科学および技術に基づいた労働秩序をモデルにして，これをすべての社会秩序に，国家的な規模で，また教育によって押し広げようとする試みであって，その意味では，共産主義は一つの「世界史的な実験」であり，一つの「教育的な実験」であるといえる。けれども，モノ的な労働秩序と人間的な社会秩序は，本来構造的に同一化されないものである。にもかかわらず，共産主義は，国家の力によって強引に，つまり暴力的に労働秩序の範型を社会秩序に押しつけ，両秩序の同一化を図ろうとするのである。その実験の結果は明白である。

　　われわれがこの実験から取り出さなければならないことは，このことである。すなわち，機械化を終わらせるという口実のもとに，この機械化をその根源領域，つまり集団労働の領域で完成させるだけでなく，また人間の共同秩序の図式として，あらゆる生活領域に押しつける者は，人間を全体的モノ化の運命に引き渡すしかなく，そして，このモノ化は，根本的な脱人格化に等しいだけでなく──生活実践においては全体的奴隷化となる，ということである[23]。

　自然世界と人間世界の非同一性を強調し，自然科学的な思考モデルの人間世界への侵入に警鐘を鳴らすリットとしてみれば，一元論的な「弁証法的唯物論」，つまりマルクス主義的な共産主義の立場には反対せざるをえないという次第である。
　また，「合理化と自己」（Die Rationalisierung und das Selbst）というタイトルをもった長大な第4論文は，先に触れたように，第2版の段階で加えられたもので，そこでは「ラティオ」（ratio）としての理性による「合理化」（Rationalisierung）の問題が取り上げられ，この合理化の行き過ぎたケースとして「共産主義」が俎上に載せられている。
　そもそも人間の根本能力である「ラティオ」──リットのいう「ラティオ」はVernunftから区別されたVerstandのことである──は，まさに人間をして動物的次元を越えさせるものであって，それがなす「合理化」は，自然を数学的関係に還元し，普遍的な「自然法則」を発見

---

23) ibid., S.110.

するいわゆる「数学的自然科学」において頂点を見るのであるが,リットの判断では,そのような合理化は,それが自然世界に限定されているかぎりは正当である。ということは,人間世界に及べば,それは不当なものとなりうるということである。というのも,「人間であることは,自己であること」[24]だからであって,この「自己」は個として普遍には包摂されないからである。したがって,「究極の帰結まで駆り立てられた,すなわち全人間生活を包括する合理化は,人間の脱人間化に転落する」[25]。

ところが,この「全人間生活を包括する合理化」を,しかもそれを国家の力によって企てているのが,「共産主義」だというわけである。共産主義国家においては,人間世界の「自然法則」によって個は普遍に従属させられて,人間生活全体が徹底的に合理化され,合理化されない個人の自由が暴力的に抑圧されているというのである。

> 自分を徹底的に合理化しうるために,共産主義国家は,ラティオの権化と見なされる唯一なる救済論に代表の独占権を授け,この救済論と相容れない一切の意見や意欲や表明を暴力的に押さえ込まざるをえない。……それで,国家秩序が僭称する合理性は,国家ドグマの唯一妥当性を強制する暴力の行使から切り離されえない[26]。

そうしてリットは,合理化が行き過ぎた共産主義の「反対像」(Gegen-bild)として,合理的でありつつも,それを絶対化せずに,意見や信条の多様化を認める「民主主義」を持ち出すのである[27]。

さらに,第5論文「転換期における科学的大学」(Die wissenschaftliche Hochschule in der Zeitenwende)では,時代における科学および大学の課題にかかわって「共産主義的科学」の問題性が議論の的になっている。

---

24) ibid., S.163.
25) ibid., S.169f.
26) ibid., S.182.
27) リットの「合理化」論については,宮野安治著『リットの人間学と教育学』218-234頁参照。

第2節　共産主義批判の諸相　　163

　現代のような危機的な時代にあっては，時代に関与し，援助を与えることが「科学」に期待されるのであるが，この期待に世界史的なスケールで応じようとしているのが，リットの見るところ，まさしく共産主義国家における科学である。「マルクス，エンゲルスおよびレーニンがその創始者として称賛されるかの方法の力」に支えられた共産主義的科学は，現実を解明するのみならず，現実を導こうともしている。

　　共産主義的科学は，現代生活のそのように前代未聞に複雑化した構造を余すところのない説明によって見えるようにし，それでもって，この構造の内部に位置する人間の地平を，その人間が何をなさなければならないかがわかるほどに広く明らかにする科学となっている[28]。

　しかも，このような科学によって明るみに出された「真理」を共産主義国家が人間の魂に植え付けようとしているのである。けれども，この場合「科学」と称されているものは，実は「イデオロギー」にほかならず，そこでは「自分自身を根拠づける真理の偏見のない探究」ではなく，「政治的意志」が決定的である。リットはこうした科学は「似非科学」（Afterwissenschaft）であると断じ，これに対して，「真の科学」は，その研究内容を教条主義的にドグマ化するのではなく，みずからの営為を省察するとともに，それを人間生活全体に関係づけることを任務としているとするのである。
　最後の第6論文「科学の公共的責任」（Die öffentliche Verantwortung der Wissenschaft）においては，核兵器による人類滅亡の危機を警告した宣言や声明等に現れた，科学ないしは科学者のいわゆる「社会的責任」の問題が論じられている。
　ここでリットは，例によって科学を「自然に関する科学」と「人間に関する科学」に二分し，同じく科学が責任を問われるといっても，その責任が，前者にあっては，たとえば原子力を破壊のために使用する場合

　28）　Theodor Litt: Wissenschaft und Menschenbildung im Lichte des West-Ost-Gegensatzes, S.190.

のように，科学の「外的な作用」に向けられているのに対して[29]，後者においては，科学でないものを科学として科学そのものを捻じ曲げ，そのためにその対象とする人間を非人間化することを結果する，科学の「内的な作用」に関係づけられているとする。そして，「人間に関する科学」の歪曲されたケースとして，共産主義国家の場合を実例として示すのである。

> その形態やそのふるまいによって人間的生の「自然法則」を完全に実現させることを使命と信じている国家が，人間を支配する場合に，人間から何が生じなければならないかを，世界史的な実験によって比類なく目に見えて示したことが，共産主義国家の否定できない功績である。人間の中に，その本質に関して自然法則の科学が余すところのない情報を与え，その取り扱いに関してこの科学に基づいた技術が確かな教示を与える被造物を見る者は，人間を理論的ならびに実践的に客体へと変え，そのために人間から，人間を実に人間にしているもの，つまりその自己を奪っている。人間は，そのように扱われるならば，自動的に「人格」であることをやめる。人間は「モノ」となる[30]。

もっとも，リットにとっては，このような歪曲は，共産主義国家だけではなく，西側世界においても，「心理学や社会学や人類学や歴史学といった人間に関する科学を疑わしい科学理想の方向へと導こうとする傾向」に見られるものなのである。

以上より明らかなように，『東西対立に照らした科学と人間陶冶』においては，「歴史」「人間像」「機械化」「合理化」「科学」等々と，実に様々な視点から共産主義批判が試みられているのである。リットにいわせれば，「問題はあまりにも多層的であるので，一撃では片づけること

---

29) 「原子力と倫理」に関するリットの著作が，次のように邦訳されている。テオドール・リット著，小笠原道雄編，木内陽一／野平慎二訳『原子力と倫理』東信堂，2012年．

30) Theodor Litt: Wissenschaft und Menschenbildung im Lichte des West-Ost-Gegensatzes, S.258.

ができない」[31]というわけなのである。

第3節　共産主義と民主主義における自由

　『東西対立に照らした科学と人間陶冶』の再版が出た1959年にリットは，フノルト（Albert Hunold）編の『自由への教育』（Erziehung zur Freiheit）に「人格の自由と生活秩序」（Die Freiheit der Person und die Lebensordnungen）なる論稿を寄せる。この『自由への教育』が編まれた背景には，いわゆる「第2次ベルリン危機」によって招来された政治的・軍事的危機の意識が存在していたと推察されるが，ここにおいてリットは，まさしく「自由」を問題にして，たとえば，「共産主義国家おいては，「社会の自然法則」を明らかにするとする自称「科学」の教示に従って処置がとられているのであるが，そうであるならば，そしてまたそのかぎりにおいては，人間の自由には，あらゆる考えられるかぎりでの抑圧の最も恐るべきものが見舞われている」[32]と述べ，唯一のドグマによって自由を抑圧する「共産主義」に「多数の信念や綱領や党派」を認める「民主主義」を対抗させている。そして，この「人格の自由と生活秩序」をある意味で拡大・深化させるとともに，リットみずからの晩年の政治思想・政治教育思想を集大成することを企図して刊行されたのが，結局は彼の最後の書となった『自由と生活秩序』にほかならない。

　この『自由と生活秩序』には，当然のことながら，『東西対立に照らした科学と人間陶冶』で取り上げられた様々な視点が取り込まれている。だが，そこにおいて問題の核心をなしているのは，その書名からも察せられるように，やはり「自由」ということである。というのも，「自由」は，みずから「自由」を旗印とする「西側世界」のみならず，共産主義的な「東側世界」にあっても問題となっているからであり，と同時に，「今日いまだないほどに没落に瀕しているもの」だからである。

---

[31]　ibid., S.3.
[32]　Theodor Litt: Die Freiheit der Person und die Lebensordnungen, in: Erziehung zur Freiheit, hrsg. von Albert Hunold, Erlenbach-Zürich 1959, S.214.

そもそもリットにとって「自由」概念は，政治的概念である以前に，人間を他の動物から本質的に区別する人間学的な根本概念を意味していた。すなわち，もう一度繰り返すこととなってしまうが，リットによれば，動物が「本能」によってその行動が一義的に規定されているのに対して，こうした「本能」を欠いた人間は，つねに「違った風にもありうる」という状態に置かれることによって「両義性」に曝され，そのふるまいをみずから決断しなければならない。この意味において人間は自由なのであるが，それに際して重要なことは，いわゆる「規範」(Norm)に合ったふるまいだけが自由と称されるのではないということである。

> 本当は，自由は，それが規範に合ったふるまいと同様に，規範に背くふるまいに対する自由である場合にのみ，この名に相応しいものである。規範に背くふるまいの可能性も，それどころか，規範に背くふるまいへの誘惑も，決断へと呼びかけられている人間の視野に現れているがゆえにこそ，人間を規範に従わせようとする決断は「自由」と称されてよい。そして決断は，規範と矛盾する場合にも，「自由」と称されなければならないだろう。規範に合ったものだけへの自由は，本当は，倫理的にレッテルを貼られた必然性と見なされるであろう。人間は，「違った風にもありうる」ところでのみ，自由なのである[33]。

いずれにしても，リットにとっては，自由は人間の運命であり，「人間は……自由であることを強いられている」[34]というわけである。

けれどもリットは，こうした「自由そのもの」は，具体的な人間的生にあっては，「唯一の自己同一的な形態」ではなく，「多数の形態」において現出すると考える。そして，そうした「複数の自由」の内から，「政治」（あるいは「国家」）と「科学」と「経済」という「文化領域」(Kulturgebiet) もしくは「審級」(Instanz) における自由を取り出し，それら自由の様相および関係を，共産主義と民主主義のそれぞれについ

---

33) Theodor Litt: Freiheit und Lebensordnung. Zur Philosophie und Pädagogik der Demokratie, S.31.

34) Theodor Litt: Mensch und Welt, S.180.

第 3 節　共産主義と民主主義における自由　　　　167

て見ようとするのである。

　ところで，いわゆるマルクス主義においても，「自由」は重要なテーマとなっている。それどころか，それが究極的にめざしているのは，人間の解放であり，自由の実現であるとすらいえよう。資本主義社会においては，人間は隷属状態に貶められており，人間の真の自由は，生産手段が社会化された，階級なき社会をまってはじめて可能となるというわけである。この点について，周知のように，エンゲルスは次のように語っている。

　　かくしてはじめて人間は，ある意味では，動物界から決定的に区別
　され，動物的生存条件を脱して真に人間的なそれに入る。今日まで
　人間を支配し人間をとりまいている生活条件の外囲は，今や人間の
　支配と統制の下に服し，人間はここにはじめて自然に対する真の意
　識的な主人となる。これによって人間は自分自身の社会組織の主人
　となるからである。……従来，歴史を支配してきた客観的な外来の
　諸力は人間自身の統制に服する。こうなって，はじめて人間は完全
　に意識して自己の歴史を作りうる，これより後，はじめて人間が動
　かす社会的諸原因が，主として，またますます多く，人間の希望す
　る結果をもたらすようになる。それは必然の王国から自由の王国へ
　の人類の飛躍である[35]。

　人間は，「社会組織の主人」となることによって，「また自然の主人となり，自分自身の主人となる。——要するに自由となる」[36]というのである。このかぎりにおいてリットも，「ある特定の視点から見れば」という限定付ではあるけれども，マルクス主義ないしは弁証法的唯物論の

―――――――
　35) エンゲルス著，大内兵衛訳『空想より科学へ』岩波文庫，1946 年，89-90 頁。
　36) 同書，92 頁。ただし，弁証法的唯物論の立場から哲学的にいえば，自由とは，「自然的必然性の認識にもとづいて，われわれ自身ならびに外的自然を支配すること」(エンゲルス著，村田陽一訳『新訳　反デューリング論 (1)』大月書店国民文庫，1970 年，176 頁) ということになる。クランストン (Maurice Cranston) は，「自由」の一つの定義として「強制可能な理性的自由」なるものを挙げ，マルクス主義の自由はこれとかかわるような「強制的自由」であるとしている。クランストン著，小松茂夫訳『自由』岩波新書，1976 年，60-62 頁参照。

理論を「自由の本質についての——より精確にいえば，自由が実現されなければならないところの条件と，この実現が唯一成功しうるところの形式についての全面強化された理論」[37]と評することになる。

　だが，東側の共産主義世界において自由は現実にどのような状態にあるのか。リットによれば，共産主義において特徴的なことは，共産主義そのものが弁証法的唯物論に立った「科学」，単なる科学ではなく，「科学」そのものと称され，一切包括的で無謬とされる「科学」によって根拠づけられているということである。このゆえに，共産主義にあっては，先ほどの3つの「文化領域」の中では「科学」がさしあたっては決定権を握っているように見える。であるなら，当然のことながら，「科学の自由」は保証されているはずである。しかし，事実はそうではない。前述のように，人間の自由が「規範に背くふるまいに対する自由」をも含む以上，そうした人間の自由の一形態である「科学の自由」も，その規範である「真理」への自由と同時に，「非真理」への自由をも含んでいなければならない。科学は真理をとらえることもあれば，真理を逸することも，さらには真理を偽造することもありうる。この根本事実を容認してはじめて「科学の自由」，具体的には，科学における「研究の自由」や「表明の自由」や「反論の自由」が成り立つ。共産主義は，「自然に関する科学」についてはともかく，「人間に関する科学」については，たとえば「反論の自由」を許せば，それはつまりはみずからの依拠する唯一妥当的な「科学」への批判を結果することにもなりかねないので，自由に大幅な制限を加えることになる。みずからの科学をドグマ化している共産主義は，少なくともみずからの科学が真理を逸するとか，真理を偽造することがありうることを断じて認めようとしないのである。

　そして，共産主義においてこうして科学の自由を制限しているのが，マルクスのいう「より高度の段階」の共産主義社会では死滅することになっている「国家」にほかならない。

　　共産主義にとっては，それが……決定を科学とは違う審級の手，つ

---

[37] Theodor Litt: Freiheit und Lebensordnung. Zur Philosophie und Pädagogik der Demokratie, S.41.

第 3 節　共産主義と民主主義における自由

まり国家の手に委ねている，ということが特徴的である。人間や社会や歴史に関するある特定の説に，主張や普及の独占権を与え，この説からはずれるあらゆる教義に発言を禁じるのは，国家なのである。この点において，われわれが国家と科学との出会いから発するのを見たかの誘惑の決定的勝利が証せられている。……政治的意志による科学の併合は申し分がない。……表明の自由はない。反論の自由はますますもってない。……誤謬を誤謬として，自己欺瞞を自己欺瞞として，虚偽を虚偽としてその仮面を剥ぐことができる可能性のないところでは，真理発見の可能性がはじめて現れるにあたって充足される条件は，破棄されてしまっている[38]。

　と同時に，共産主義において国家は，いわゆる「下部構造」を形成するとされる「経済」に対しても，たとえば統制的な「計画経済」というその制度に示されているように，その自由に制限を加える。科学も，経済も，共産主義にとっては本来決定力として自由であるべきところが，実はそうではないのである。

　科学は，共産主義にとって，人間がその生活に正しい秩序を与えるつもりがある場合にその教示に従わなければならない権威である。経済は……歴史の発展の支配的特徴としてその歩みを定める，人間の現存在における力である。そしてそのために，あたかも共産主義によって，科学ならびに経済は……「自由である」と証明される機能を任されているかのようであるが，より詳しく見れば，実際形成されている共産主義の生活システムにおいては，いずれもが文字通りに認められた自由を享受してよいのではなく，むしろ，いずれもがその指令を……国家から受け取らなければならない，ということが明らかになる[39]。

　これを要するに，現実の共産主義世界においては，科学や経済を決め手と見る世界観的立場とは裏腹に，国家に全権が与えられることによっ

---

[38]　ibid., S.73f.
[39]　ibid., S.88f.

て，科学や経済の自由は制限され，国家のみが全面的に自由を享受しているという状態になっているというわけである。

これに対して，リットの理解する民主主義にあっては，国家，科学，経済のどれか一つが突出し，他の自由を抑圧するということはない。したがって，全体主義の場合のように，国家が絶大な権力をもって科学や経済をコントロールすることはない。三者それぞれが自由である。自由でありつつも，その自由は絶対的ではなく，相互依存の関係にあって，互いに限定し合っている。ここに，民主主義を決定づける特徴として，「諸自由の均衡」（das Gleichgewicht der Freiheiten）ということがいわれる。これは，各文化領域の「相対的自律」を説くかねてよりの立場からすれば，当然の帰結であろう。しかも，重要なことには，この諸自由の均衡化によって，自由が自由を否定するという自由の自己破壊から自由が救われる，とされるのである。

> 諸自由の均衡化によって自由の自己否定を予防することが，われわれにできることによって，われわれは，われわれを唯一われわれの現存在の奇形化から守りうる矯正策をもつことになる。……諸自由の相互的な均衡化が，自由「そのもの」がそれ自身から発する自分自身の脅威を阻止しうる唯一の形式であるし，それであり続ける[40]。

けれども，こうした「諸自由の均衡」にあっては，それぞれの自由はいわば「浮動状態」（sich in der Schwebe haltend）にあり，その均衡は，決して「安定した均衡」ではなく，「不安定な均衡」である。だが，このような「浮動する諸自由の均衡」においてこそ，民主主義の根幹をなす「人格の自由」も保証されるのである。

> われわれによって考えられた諸自由の均衡がもつ究極の意味は次のことにある。すなわち，この均衡は，人格の生へと介入する超個人的な力の一つが，その他の力を犠牲にして，絶対的に措定されると

---

40) ibid., S.113f.

第3節　共産主義と民主主義における自由　　　　　　　　171

きに見られる，人格が避けがたく犠牲になる禁治産宣告の運命から，人格を守る，ということにある。相互に関係づけられた審級の自由は，相互に浮動することによって，同時に，それらの審級の間に居を定めている人間を浮動させる。そして人間が，その自由をそれらの審級の一つに譲り渡さざるをえない危険に陥るのではなく，何といっても最後に決着をつけなければならない自分自身に突きつけられるようにする。人間によってなされる決断についての承認において，あらゆる超個人的な力に対して人格が最終審級の位置を占める，という事実が示される[41]。

　リットは，民主主義においては，国家と科学と経済との間のみならず，政府と反対派との間にも，立法権と行政権と司法権との間にも，「浮動する諸自由の均衡」が存在するとするのであるが，こうしたことから，彼にあっては，民主主義は「浮動する自由のシステム」として根本的にとらえられているといえよう。
　ところで，すでに触れたように，『自由と生活秩序』には「民主主義の哲学と教育学について」という副題が添えられていた。とはいえ，実質的には，この書は「民主主義の哲学」にページのほとんどが割かれている。「民主主義の教育学」に直接関係しているのは，最終章の「教育学的帰結」の箇所であるが，そこでリットは，それまでの章での考察を踏まえて，「教育」について次のように述べている。

　　われわれが，われわれの時代に対処するために，時代の内的構造を看破しなければならず，現実的にもそうであるならば，成長してこの時代へと参入する者に対して，この時代について進んで精神的に洞察するように促し，またそうしたことができるようにさせようとすることは，いくら早くても早すぎるということはないし，いくら真面目であっても真面目すぎるということもない[42]。

　ここでリットは「政治教育」という言い方はしていないものの，ここ

---

41)　ibid., S.129f.
42)　ibid., S.166.

に掲げられている教育課題は，まさしく政治教育の課題であろう。時代に対処するために，「成長してこの時代へと参入する者」が，時代の内的構造を「看破する」(durchschauen) ことをさせるのが，とりもなおさず，政治教育のまずもっての課題ということになってくるはずである。それに際しては，この「看破する」ということにかかわって，『ドイツ民族の政治的自己教育』においても強調されていたような「理性的洞察」の重要性がここでも説かれていることが，やはり確認されなければならない。しかも，そうした「理性的洞察」は，同じく『ドイツ民族の政治的自己教育』で「洞察と志操」「理論と実践」の統一が主張されていたように，ここでも「孤立した知性」ではなく，「全体的人間」に向けられた要求なのである。

　加えて，この『自由と生活秩序』ではリットは，「時代的なもの」(das Zeitliche) と「超時代的なもの」(das Überzeitliche) の関係に言及している。というのも，政治は，人間を「時代的なもの」に縛りつけ，「刹那的な今ここに対する心配を生活術のすべてと見る誘惑」へと誘うが，教育は，単に「時代的なもの」にとどまらずに，この「時代的なもの」を通して「超時代的なもの」に向かわなければならないからである。そしてまた，そうした「超時代的なもの」から「時代的なもの」を照射しなければならないからである。

　　人間にとって，超時代的なものは，時代的なものの形態においてのみ，見えるようになり，とらえられるようになるということ——人間にとって，時代的なものは，超時代的なものの光においてのみ，呼びかけとなり，課題となるということ，まさにこのことは，人間の不変の宿命である。ここでは，一方は他方のためにあるのではなく，両者は互いとともに，そして互いを通してのみある。そして，成長過程にある人間が，問題となっている結合を両方向で企てることに慣れるということ，すなわち，成長過程にある人間にとって，時代的な形態から超時代的な内実が輝き現れ，と同様に，超時代的な内実から時代的な形態が魂を吹き込まれるということ，こうした

ことを配慮するのが，教育の仕事なのである[43]。

　『哲学と時代精神』において示された「普遍と特殊の弁証法」が，ここにも現れているのを認めることは容易であろう。これを政治教育に引き寄せれば，政治教育は，断じて時代の政治状況に没入するのではなく，それを越えて，人間社会や政治の根本原理へと突き進み，と同時に，そうした根本原理から時代の政治状況をとらえ直すことを課題とするということになる。リットは，こうしたいわば往相・還相の運動に，広い意味での「哲学」が働いていると考え，「われわれは，政治的文盲へと落ちぶれたくなければ，哲学者にならなければならない」[44]とするのである。

　しかし，いずれにしても，『自由と生活秩序』にあっては，「教育」については，これ以上に立ち入って具体的な展開や提案がなされているわけではない。先にもいったように，「民主主義の教育学」の直接のスペースは狭いのである。けれども，このことは，少なくともリットにとっては，この書が不完全であることを意味するものではない。というのも，リットにおいては，いつもの場合と同じように，この場合にも「哲学」と「教育学」は密接に結びついているので，「民主主義の哲学」と「民主主義の教育学」は一体となっているからである。この書全体が，「民主主義の哲学」の書として，と同時に「民主主義の教育学」の書として読まれなければならないのである。ともあれ，リットはみずからの政治思想的・政治教育思想的境地を最終的に「民主主義の哲学と教育学」と称するにいたったわけである。

第4節　残された問題

　リットの共産主義論は，彼の政治思想・政治教育思想の中で，それどころか彼の思想全体の中で，ある時期までは最も評判の良くなかったものである。とりわけその共産主義批判のゆえに，当然予想されることで

---

43)　ibid., S.168.
44)　ibid., S.164.

はあるが，リットは反共的な「ボンの御用哲学者」[45]とか「アデナウアー政治体制の御用哲学者」[46]とか呼ばれ，「反共主義の正当性を弁証することをやめない」[47]といわれたりした。

　実際，リットの主張が，当時の西ドイツの反共的な政治教育の政策動向に合致したものであったことは，これを認めざるをえない。たとえば，リットが亡くなる直前の1962月7月5日に「常設文部大臣会議」(Ständige Konferenz der Kultusminister) が定めた「教授における全体主義の取扱いのための指針」(Richtlinien für die Behandlung des Totalitarismus im Unterricht) においては，全体主義との対決が政治教育の最重要課題であり，「すべての学校の教師は，生徒に全体主義の特徴と，20世紀における最も典型的な全体主義体制としてのボルシェヴィズムとナチズムの主要な特徴に精通させなくてはならない」とされ，その全体主義の特徴が次のように描かれていた。

　　全体主義は，擬似宗教的な，救済の教義的なイデオロギーに基礎をおき，無制限の支配と公私にわたる全生活の統制を要求し，一党独裁支配を実施して，すべての反対者を排除し，……恐怖に頼って支配し，人間の尊厳を無視し，……世界支配をめざす[48]。

　まさに，ナチズムと共産主義を同じ「全体主義」と見て，その非人間性を弾劾しようとする，ここでのスタンスは，リットのスタンスそのものでもあろう。そして，リット没後のその後においても，リットの共産主義批判は折に触れて取沙汰されることになる。クラフキあたりも，1982年に出版したそのリット研究書において，リットの共産主義論には「ほとんど満足に解決できない難点」があるとして，具体的に9点

---

　45) Hans-Heinz Holz: Ideologischer Schein und politische Verführung. Eine Polemik gegen Theodor Litts Freiheitsphilosophie, in: Blätter für Deutsche und Internationale Politik, 4.Jg., 4.H, 1959, S.346.
　46) Werner Müller: Der imperialistische Mißbrauch des Freiheitsbegriffes, in: Einheit, 14. Jg., H.10, 1959, S.1395.
　47) 宮田光雄著『西ドイツの精神構造』541頁。
　48) 中野光／三枝孝弘／深谷昌志／藤沢法暎著『戦後ドイツ教育史』216-217頁参照。また，この「方針」をも含めた当時の西ドイツの政治教育については，とりわけ，宮田光雄著『西ドイツの精神構造』514-574頁参照。

第4節　残された問題

にわたって問題点を指摘したりしていたのである[49]。

　しかしながら，1989年のベルリンの壁の崩壊，翌年の東西ドイツの統一，さらにその翌年のソヴィエト連邦の解体という歴史的な大事件以降，情勢は大きく変わったといわなければならない。「共産主義」という「世界史的な実験」「教育的な実験」は，少なくともソヴィエト連邦および東欧諸国においては失敗に帰する結果となった。リット的な二者択一でいえば，人類の歴史は「民主主義」，つまりは「リベラルな民主主義」（liberal democracy）を選択したわけである。それどころか，人類の歴史は，「リベラルな民主主義」があらゆる統治形態を越えて最後の形態になることによって，リットならこのような表現には反対するであろうが，「終焉」を迎えつつあるかのごとくですらある[50]。「民主主義の哲学と教育学」というリットの方向は，その正当性を実証することになったといってよいであろう。

　しかしながら，そうはいっても，リットに問題が残らないわけではない。たとえば，彼の「共産主義」概念の問題性である。本章の最初に述べたように，リットの場合「共産主義」概念は，マルクス主義的であれ，広い意味で用いられているが，とはいえ，彼が現実的にこの概念でもってイメージしているのは，とりわけスターリン体制下の「共産主義」であると見ることができる。それゆえに，その批判も，たいていは，マルクス主義ないしは「弁証法的唯物論」の思想そのものよりは，現実の共産主義体制に向けられている。これには，「共産主義の形態をとって自由世界に忍び寄る精神的脅威の防衛」のためという強力なモティーフがあずかっているとはいえ，たとえば，ナチズム批判に際してローゼンベルクの『20世紀の神話』が徹底的に解剖されたように，マルクス主義の原典が直接俎上に載せられるということは全く見受けられないし，マルクス主義内部の複雑な流れについても全く考慮されていない。弁証法という点では軌を同じくしつつも，精神の独自性を説き，科学二元論ないしは多元論に立つリットからすれば，当然のことながら，科学一元論的な弁証法的唯物論とは全面対立するはずであるが，リット

---

　49)　Wolfgang Klafki: Die Pädagogik Theodor Litts, S.372ff.
　50)　たとえば，フランシス・フクヤマ著，渡部昇一訳『歴史の終わり（上）（下）』三笠書房，2005年参照。

はマルクス主義の中心思想に踏み込み，それを吟味するということはしていない。したがって，次のような指摘は依然として有効であると判断される。

　　リットは，どこにも，たとえば，生産力や生産関係の発展の弁証法とか，社会階級の成立の理論とか，これと関連して，生産手段の所有あるいは非所有の基本的な問題……とかいったような「科学的社会主義」の中心原理に立ち入っていない[51]。

　それにまた，「全体主義」の括りのもとに共産主義をナチズムと同一的に扱うことにも検討が必要であろう。トラヴェルソ（Enzo Traverso）は，「ソヴィエト連邦が崩壊して以来，全体主義はもはやアクチュアルな概念ではない」としつつ，複雑な経過を辿った「全体主義」概念の歴史を，1923～33年，1933～47年，1947～68年，1968～89年，1989年以降の5つの時期に分け，リットの共産主義論が展開された1947～68年の時期においては，「「全体主義」は「自由世界」の敵に向けられた反共産主義のスローガンとなる」と述べているが[52]，リットにあっても，「全体主義」概念はトルーマン・ドクトリン的に理解されている。実際，リットの「全体主義」概念の中身の大部分を占めているのは，その「最高形式」とされる「共産主義」であって，「ナチズム」はむしろ付加的に含められている程度で，しかも，それに際して両者の本質的な相違が特に深く問われることはない。けれども，たとえば，すでに見たように，リットにとって共産主義は「啓蒙主義」の継承者なのであるが，しかるに，ナチズムは啓蒙主義の破壊者である。したがって，スターリニズムもナチズムも，ともに「断罪されるべきことに疑いの余地はない」にしても，やはり同列に扱うのは問題としなければならない。

　それでも，啓蒙主義的合理性に対する両者の矛盾的関係（一方は相続人たらんとし，他方は埋葬人たらんとした）に由来する相違は，最

---

51) Wolfgang Klafki: Die Pädagogik Theodor Litts, S.385.
52) エンツォ・トラヴェルソ著，桂本元彦訳『全体主義』185-186頁参照。

第4節 残された問題　　　　　　　　　　　　177

後まで残るだろう。そして，まさにこの相違を隠蔽していたのが，両体制に共通する要素に目を向ける全体主義の概念だったのである[53]。

　また，リットは共産主義もナチズムも全体主義として「民主主義」に対立するものと見なすのであるが，この場合彼のいう「民主主義」は，彼なりの自由主義的な「リベラルな民主主義」にほかならない。「人民民主主義」をも含めて「民主主義」が多様であるのは周知のところであるが，それはそれとして，「民主主義」そのものについていえば，ナチズムがこれを否定するのに対して，共産主義は必ずしもそうではない。それどころか，民主主義は最終目標ではないにしても，民主主義を本来契機として含んでいる。たとえば，かの『共産党宣言』においては，「労働者革命の第一歩は，プロレタリア階級を支配階級にまで高めること，民主主義を闘いとることである」[54]とされているし，またレーニンにいわせれば，「共産主義だけが，真に完全な民主主義をあたえることができる。そして，民主主義が完全なものになればなるほど，それだけすみやかに民主主義は不必要になって，おのずから死滅するであろう」[55]というわけである。ただ，共産主義の歴史において不幸であったのは，プロレタリア独裁が一党独裁となり，民主主義が停止されてしまったことである。この点に関して，ボリシェヴィキを批判的に評したローザ・ルクセンブルク（Rosa Luxemburg）のことばがここで想起されるべきかもしれない。

　たしかに，どんな民主主義的な制度にも，おそらく人間の制度のすべてがもっているような限界や欠陥はあろう。ただ，トロツキーやレーニンが発見した民主主義一般の除去という救治策は，それが抑えるはずの悪よりもいっそう悪い。それはあらゆる社会的制度につきものの欠陥を正すことができる唯一のものである生き生きとした

---

53) 同書，177頁。
54) マルクス／エンゲルス著，大内兵衛／向坂逸郎訳『共産党宣言』岩波文庫，1951年，68頁。
55) レーニン著，宇高基輔訳『国家と革命』126-127頁。

泉を，つまり，広汎な人民大衆の積極的な，自由な，精力的な政治生活を殺してしまうからである[56]。

リットが批判したスターリニズム的な共産主義は，マルクスの思想の必然的な帰結なのかどうか，この問題はマルクス主義の今日的再検討という課題とも深くかかわってくると思われる。と同時に，ここに改めて「民主主義」というものを根本的に問うという課題が提起されてくることになろう。

さらに，リットにおいては，「自由」が極力強調されている反面，「平等」（Gleichheit）はほとんど話題となっていないことが問題とされるべきである。「平等」こそは，共産主義が本来めざし，そして実現しえなかったものである。一般的に「自由」と「平等」は民主主義の根本原理とされ，「自由と平等とは対立的というよりはむしろ補完的なものである」[57]と考えられたりするが，しかしながら，場合によれば，両者は根本的に対立し，排除し合うところがある。

民主政が拠ってもって立っているところの理念としては，自由と平等が言われる。しかし自由と平等という二つの理念は，むしろ相背反するものを含んでいるのである。もし自由を絶対化して，無条件に，無制限に主張するならば，それは弱肉強食の結果に堕して平等を否定するし，平等を絶対化して，無条件，無制限に強制すれば，本来多くの差異を持っているところの人間は自由であることができぬ。絶対的な理念として突き合わせるなら，自由と平等とは到底調和することはできない[58]。

しかも，政治や政治教育をめぐる議論は，つまるところは，こうした「自由」と「平等」の関係に収斂するとすらいえる。それゆえに，い

---

56) ローザ・ルクセンブルク著，伊藤成彦／丸山敬一訳『ロシア革命論』論創社，1985年，35-36 頁。

57) H. J. ラスキ著，飯坂良明訳『近代国家における自由』岩波文庫，1974 年，55 頁。

58) 矢部貞治著『政治学　新版』勁草書房，1981 年，278 頁。

第4節　残された問題

わば「自由と平等の弁証法」が展開されなければならないのである。平等の問題は，ポスト冷戦段階においても，否，それどころか従前以上に切要な問題となっており，と同時に，リットを掘り下げ，さらに乗り越えて行くにあたっての重要な視点を意味しているとも考えられるであろう。

結　論

「民主主義の哲学と教育学」からの道

　以上をもって，リットの「民主主義の哲学と教育学への道」を辿ったことになるのであるが，ここで最後に，リットのいう「民主主義」について改めて考えてみることにしたい。それに際しては，「クラフキ・レブレ論争」なるものにまず触れる必要があろう[1]。

　この論争は，いってみれば，リットはいつから「民主主義者」（Demokrat）となるのか，という問題をめぐる論争である。このことに関して，クラフキは，これまで折に触れて取り上げてきたように，ヴァイマル期のリットは，「ある種の制限付き」の「理性的共和主義者」として，共和国の擁護者であったものの，彼にとって民主主義は「他の諸々のナショナルな国家理念と並んだ一つのナショナルな国家理念」にすぎなかったが，しかるに，ナチズム経験を通して，第2次世界大戦後に彼は，民主主義が唯一の選択肢であることを確信し，正真正銘の民主主義者になった，と主張した。もう一度クラフキの見解を引けば，次のようになる。

　　ヴァイマル期のリットの政治的立場も，憲法に忠実で「理性的共和主義者的」として見なされうる。もちろんリットは，1918年以後，ヴァイマル憲法を遵守し，尊重することを越えて，みずからの政治的行為によって，また公の政治的な立場によって，たとえば「ヴァ

　1）「クラフキ・レブレ論争」(die Kontroverse zwischen Wolfgang Klafki und Albert Reble) の詳細については，Vgl. Eva Matthes: Geisteswissenschaftliche Pädagogik nach der NS-Zeit, S.241-244.

イマル連合」の諸政党への公然たる加入によって，積極的かつ具体的にヴァイマル共和国のために，それとともに民主主義のために活動した，かの少数のドイツの知識人，特にドイツの大学教師のグループには加わらなかった。1945年以後はじめてリットは，紛れもなく，そして幅広い参加活動によって，積極的に民主主義のために尽力したのである[2]。

　これに対して，レブレは，ナショナルで保守的な傾向をもったシュプランガー等とは違って，リットは，すでにヴァイマル期において，「リベラルな立場の人々のグループ」に属しており，個人と社会の弁証法的交差とか，文化領域の自律と相互限定といったその思想からして，「民主主義的な根本秩序」の積極的支持者であったし，とりわけ1931年以降は，「民主主義のための自覚的で生一本の闘士」であり，そのことは彼の死まで何ら変わらなかった，と述べた。そして，クラフキの「理性的共和主義者」というレッテルは不適切であるとした。

　　ヴォルフガング・クラフキは，1982年の詳細なリット研究書において，1931年までの時期のリットを「理性的共和主義者」と名づけたのであるが，そのことでもって，次のようなことをいった。すなわち，リットは，当時は，共和主義的－民主主義的な国家を忠誠心をもって認め，これを尊重する人々に属していたが，しかし，そのことを純粋に形式的，それどころか形式主義的になしたのであって，積極的にそうした国家を支持することはしなかった，ということである。私はクラフキの判断に従うことはできない[3]。

　これを要するに，リットが「民主主義者」であるのは，クラフキによれば，1945年以降ということになり，レブレの場合には，ヴァイマル期の最初からということになる。リットの政治思想・政治教育思想に関して，一方は，その発展性を強調しているのに対して，他方は，その一貫性を主張しているわけである。

---

　2) Wolfgang Klafki: Die Pädagogik Theodor Litts, S.16.
　3) Albert Reble: Theodor Litt, S.175.

思うに，リットが終始リベラルな立場にあったことは，クラフキもレブレも同意するところであろう。その意味では，リットはいわゆる「リベラルな民主主義」の方向に，潜在的であれ，当初からあったということはできる。けれども，彼の思想行程において，「民主主義」が「全体主義」の対抗概念として現れたことを思い起こすならば，彼が「民主主義」を決定的なものと見なし，みずからを「民主主義者」として自覚するのは，ナチズムおよび共産主義という全体主義の経験が契機になってからということにやはりなるのではないだろうか。この点に関しては，とりわけ，リット自身が，『自由と生活秩序』において，例の1931年の学長就任講演「大学と政治」に言及して，次のように，自己批判的に述懐し，みずからの考えの変化を認めてもいることを引き合いに出すことができる。

　　私は当時，しかしまだ，学問および大学は，政治的な決断や党派形成の全体に対して，厳格な中立性を守ることを義務づけられていると信じていた。そのことでもって，しかしながら私は，心を摑もうとする党綱領と，学問および大学そのものとの間に，どのような関係が存しているか，という問いを学問および大学が問うことを禁じた。私は，これらの綱領の間に，その実現が自由な学問の没落をもたらさざるをえないようなものがあり——他方それとは異なった，学問の自由を進んで許すのみならず，学問の自由と極めて密接に連帯していることを心得ているものがある，という両者の基本的な相違をはっきりさせることを，学問および大学に禁じた。私は，大学が，たとえこのように相違をはっきりさせたとしても，学問的真理の名において述べなければならないであろうことの境界を少しも越えるものではない，ということが見えなかったのである[4]。

　「大学と政治」については，すでに取り上げた通りであって，そこにおいては，学問や大学の自由を守るという立場が強く打ち出されていることからすれば，それまでにない踏み込んだところが見られ，その意味

---

4) Theodor Litt: Freiheit und Lebensordnung. Zur Philosophie und Pädagogik der Demokratie, S.101f.

で「自己修正」が含まれていると評されるのであるが，他方，民主主義であれ，全体主義であれ，あらゆる党派的立場に対して「厳格な中立性」を守ることに依然として固執されている。すなわち，1931年段階では，リットは，諸々の政治的な立場の間に，「民主主義」のように学問の自由を擁護するものと，「全体主義」のようにそれを否定するものとがあり，それらの間に「基本的な相違」が存在するのをまだ十分に認識していなかったのである。こうしたリットみずからの言明から推しても，リットが自覚的な「民主主義者」となるのは，先に述べたように，ナチズムおよび共産主義という「全体主義」の経験以降と見るのが妥当であろう。

もっとも，リットが後になって民主主義を信奉するにいたったからといって，そのことは決してリットの評価を低下させることにはならない。むしろマテス（Eva Matthes）とともに，「リットは，まさしく彼の政治的思考において，大いなる学習能力および発達能力を，つまり「新たな思考」に対する積極性と能力を証明した」[5]というべきであろう。リットはまさに「その高齢にいたるまで途上に（unterwegs）あった」[6]のである。本書において「民主主義の哲学と教育学への道」を辿ろうとした所以である。

それでは，リットのいう「民主主義」をどのように受け止めるべきであろうか。それにあたってまずいえるのは，その民主主義が「自由」をメルクマールとしているということであろう。その意味で，すでに性格づけたように，リットの民主主義は「リベラルな民主主義」である。が，「自由」を原理とするのは，本来は，「自由主義」（Liberalismus）と呼ばれるものである。自由主義と民主主義は，「リベラルな民主主義」において結合しはするが，元来は別物であって，「自由主義」イコール「民主主義」ということにはならない[7]。リットの場合, Demokratになる以前にすでにliberalではあったわけで，そのかぎりでは，レブレの指摘するように，ヴァイマル期において「リベラルな立場の人々のグルー

---

5) Eva Matthes: Geisteswissenschaftliche Pädagogik nach der NS-Zeit, S.244.
6) Erich E. Geissler: Theodor Litt, S.18.
7) 自由主義と民主主義の関係については，たとえば，森政稔著『変貌する民主主義』ちくま新書，2008年，47-79頁参照。

プ」に属しており，それゆえにこそ，ナチズム支持のフライヤーは，例の「大学と政治」を評して，否定的な意味を込めてではあるが，リットを「リベラル」だとしたのである。いずれにしても，リットの政治思想・政治教育思想は，近代以降の「自由主義」の伝統に位置づけることができるであろう。

　しかしながら，ここで，自由を唱えるそのような主義がいかにして「民主主義」とつながるのかが問題となってくる。そこで，改めて「民主主義」というものを考えた場合，その定義は特に今日においては困難であるにしても，それが「多数性」を原理としていることはいえるのではないだろうか[8]。周知のように，Demokratie あるいは democracy は，古代ギリシャの demokratia に由来し，demos（民衆）の kratia（支配），「民衆の支配」というのが原義である。すなわち，支配者が，「君主制」のように「一人」でもなければ，「貴族制」のように「少数者」でもなく，「民衆」つまり「多数者」であるのが demokratia だったのである。そうしたことから，いわゆる「多数決原理」が民主主義の重要な原理と見なされるようになった。

　けれども，ある段階からは，民主主義を単純に「多数者の支配」と考えるわけに行かなくなった。というのも，多数者による少数者の抑圧ということがありえるからであり，しかも，多数者がつねに正しいということはありえないからである。であるならば，ここで「多数性」について発想を転換させざるをえない。すなわち，「多数性」は，「同一性」へと持ち込むための数の多数性ではなく，多様な価値や意見や関心の「差異性」を含意する多数性でなければならない。そもそも自由が，あれでもありうるし，これでもありうる，ということを条件とするのであれば，価値や意見や関心が多様であるのを認めるところにこそ，自由は成立するといえる。ここに，民主主義は多元性や自由と結びつき，それらを原理とすることによって，「多元主義的民主主義」と称されるものになってくる。リットの民主主義は，一元的な全体主義との対比から明らかなように，そうした意味での「多元主義的民主主義」の部類に入るの

---

8) 数多くある「民主主義」の概説書の中から，ここでは次のものを挙げておくにとどめたい。福田歓一著『近代民主主義とその展望』岩波新書，1977 年。千葉眞著『デモクラシー』岩波書店，2000 年。

であって，その点において，「リットは，その最晩年において，自由的－多元主義的な民主主義（die freiheitlich-pluralistische Demokratie）のための闘士となった」[9]といってよい。

加えて，リットの場合，パートナーシップ論との対決で主張されたように，「闘争」が民主主義の生命原理と見なされ，しかも，その闘争は，武力的な闘争ではなく，多様な価値や意見や関心を戦わせる精神的な闘争であったことを想起するならば，リットの民主主義においては，「討議」とか「ディスクルス」（Diskurs）といったことが重要なファクターとなっていると見做せるかもしれない。まさに，「多元主義思想の強調でもって，リットは間接的にディスクルス倫理（Diskursethik）を先立って示している」[10]とも評価できるわけである。と同時に，そこにさらに，今日注目を集めている「熟議民主主義」（deliberative democracy）に通じる面を垣間見ることも，あながち不可能ではないだろう[11]。

ところで，先程，リットの政治思想・政治教育思想は，近代以降の「自由主義」の伝統に位置づけることができると述べた。とはいっても，この「自由主義」もいささか複雑な歴史をもっている[12]。教科書的な説明になるかもしれないが，近代において自由主義は，個人の自由や権利の尊重を基本に，政治的には国家の役割を最小限に抑え，経済的には私的所有や市場経済を奨励する思想として成立し，市民社会や資本主義の興隆とともに発展を見た（「古典的自由主義」（classical liberalism））。しかし，その後には，とりわけレッセ・フェール的な経済的自由が様々な深刻な社会問題を噴出させたことから，むしろ逆に，社会福祉のためには国家の介入をも容認する自由主義へと変じるにいたった（「社会自由主義」（social liberalism））。こうした自由主義は，かの福祉国家論の基盤をなすことになるが，20世紀におけるその最大の代表者として，しばしばロールズ（John Rawls）等の名が挙げられた。けれども，このロールズ流のいわば抑制した自由主義に対して，個人の自由を最大限に尊重

---

9) Eva Matthes: Geisteswissenschaftliche Pädagogik , München 2011, S.12.
10) Eva Matthes: Geisteswissenschaftliche Pädagogik nach der NS-Zeit, S.67.
11) 「熟議民主主義」については，たとえば，田村哲樹著『熟議の理由——民主主義の政治理論』勁草書房，2008 年参照。
12) 「自由主義」の歴史について取り上げたものは多くあるが，ここでは次の一書を挙げておく。藤原保信著『自由主義の再検討』岩波新書，1993 年。

し，国家の役割を最小限にすべきと主張して登場したのが，ノージック（Robert Nozick）等に代表される「リバタリアニズム」(libertarianism) と称される立場にほかならない[13]。そして，このリバタリアニズムと連動しつつ，今日では，経済における自由や競争を決定的な原理とする，しかし反面，場合によっては，他の分野での国家的な統制を強調する例の「新自由主義」(neoliberalism) が，当然賛否両論の議論を巻き起こしながら，影響力を広く行渡らせようとしているのである。

このように自由主義を眺めた場合，リットの自由主義はどのあたりに位置してくるのであろうか。それに際しては，彼が民主主義の特徴とした「諸自由の均衡」ということに，今一度目を向けなければならない。リットの場合，文化領域の自律と相互限定というところから，ある領域の自由だけが突出することが拒否されていたのであるが，このことからすれば，たとえば「経済」の自由については，共産主義におけるように，それが「国家」によって完全にコントロールされることも，また逆に，それが放任され絶対化されることも認められないことになる。経済は国家によって限定を受けるわけであって，その意味で，リットのいう自由は，「新自由主義」の自由ではなく，むしろ「社会自由主義」の自由に近いといえる。リットは福祉国家論の立場を明確に打ち出してはいないけれども，少なくとも，「ある種の社会福祉国家的な原理の貫徹への示唆」[14]を彼から読み取ることは可能であると思われる。

しかしながら，リットにとって最終的に重要なことは，「あらゆる超個人的な力に対して人格が最終審級の位置を占める」ということであった。このことは，経済とか国家といった審級における自由は相対的ではあるが，「人格の自由」はある種絶対的であることを意味している。まさしく，この「人格の自由」こそは，民主主義を根底から支えるものであり，と同時に，人間存在の根本条件でもある。「古典的自由主義」が足場にしたのも，そうした自由であったとするならば，リットの自由思想は，そこに実存哲学的な要素が過分に入り込んでいるとしても，近

---

13) ロバート・ノージック著，嶋津格訳『アナキー・国家・ユートピア』木鐸社，1992年。なお，「リバタリアニズム」の入門書としては，たとえば，森村進著『自由はどこまで可能か──リバタリアニズム入門』講談社現代新書，2001年参照。

14) Wolfgang Klafki: Die Pädagogik Theodor Litts, S.384.

代における自由主義の精神を継承していると評することができるのである[15]。

　他方,「自由」をメルクマールとするリットの民主主義においては,「平等」という視点が希薄であることは,すでに指摘しておいた通りである。政治や政治教育の問題をさらに掘り下げるためには,「自由と平等の弁証法」が展開されなければならないだろう。この点において,そのようなことの哲学的な試みとしては,たとえば,リットと同時代であれば,「絶対媒介の弁証法」という独自の立場から,「社会民主主義」という理念のもとに自由と平等の統一を図ろうとした田辺元[16],現代においてであれば,その『正義論』（A Theory of Justice）で,リベラリズムに立ちつつ,「無知のヴェール」（veil of ignorance）の導入等により自由と平等の折衷を企てた,先に名を出したロールズ[17]等のケースを挙げることが許されるかもしれない[18]。

　ともあれ,いずれにしても,現在のわれわれは,リットが歩み到達した「民主主義の哲学と教育学」の地に立っている,あるいは立っているべきである。このことを改めて確認しておくことが必要であろう。けれども,歴史が終焉しない以上,問題はむしろこれからである。リットにとってゴールの地点は,われわれにとってはスタートの地点である。われわれは「民主主義の哲学と教育学からの道」を歩まなければならな

　15）　日本のいわゆる戦後の民主主義教育において,1948／49 年に文部省みずからが社会科教科書『民主主義（上）（下）』を刊行したことがあったが,そこでは,「民主主義の根本精神」は「人間の尊重」にほかならないことが強調されている。この場合,人間を尊重するということは,カント的にいえば,人間を「モノ」（Sache）として取り扱うのではなく,「人格」（Person）として尊重するということであって,つまりは「人格の自由」を認めるということになる。そうであるならば,「民主主義の根本精神」は「人格の自由」にあるともいえるであろう。復刻もされているこの文部省の教科書は,「民主主義と独裁主義」の章で「共産主義」の問題を取り上げる等,なかなかの内容で,今日「民主主義」について考えるにあたって,教科書といえども,読むに値すると思われる。文部省著『民主主義』径書房,1995 年参照。

　16）　田辺元著「政治哲学の急務」『田辺元全集　第 8 巻』筑摩書房,1964 年,323-376 頁参照。

　17）　ジョン・ロールズ著,川本隆史／福間聡／神島裕子訳『正義論　改訂版』紀伊國屋書店,2010 年参照。

　18）　民主主義における「自由」と「平等」の問題は,liberal democracy と social democracy の問題ともなってくるといえるが,これに関する最近の試みとしては,たとえば,田中浩編『リベラル・デモクラシーとソーシャル・デモクラシー』未来社,2013 年参照。

い。しかしながら，この道はどこに通じているのか，先行きは必ずしも透明ではない。そうした時，ナショナリズムとインターナショナリズム，公民教育論，ナチズム批判，異文化との出会い，国家と暴力，民主主義と全体主義，共産主義と自由等といった問題群を包含したリットの政治思想・政治教育思想は，今後を考えるにあたって，われわれに重要な示唆を与えてくれるといってよいであろう。

あとがき

　人間というものを，一方で自然との関係において，他方で人間同士の関係において眺めた場合，それぞれの関係の典型的表現として，「科学技術」と「政治」とを挙げてみることができるのではないだろうか。しかも，両者は，現代世界を規定している根本力であるとともに，人間に禍福のいずれをももたらしうる，両義性を有した，厄介な代物である。けれども，あるいはそれゆえにこそ，これら両者の改めての人間学的および教育学的な探究ということが，とりわけ今日のわれわれにとって最重要の課題となっているのである。

　本書は著者の2冊目のリットに関する書である。リットが取り組んだのは，まさしく「科学技術」や「政治」の人間学的および教育学的な探究であったといえるのであるが，この内の「科学技術」を取り上げたのが，「人間と自然の関係をめぐって」というサブタイトルを添えた『リットの人間学と教育学』（渓水社，2006年）であった。これに対して，本書は「政治」に焦点を当てたものである。本書は，「リット政治教育思想の研究」というタイトルのもとに大学紀要に書いた，下記に掲げる一連の論文が下地になっている。このたびそれら論文に加筆・修正を施して，これを利用した。

- 「リット政治教育思想の研究（Ⅰ）——文化教育学における「ナショナリズム」問題」『大阪教育大学紀要』第Ⅳ部門第42巻第2号，1994年2月。
- 「リット政治教育思想の研究（Ⅱ）——ヴァイマル期の公民教育論」『大阪教育大学紀要』第Ⅳ部門第45巻第1号，1996年9月。
- 「リット政治教育思想の研究（Ⅲ）——ナチズムとの対決」『大阪教育大学紀要』第Ⅳ部門第47巻第2号，1999年1月。
- 「リット政治教育思想の研究（Ⅳ）——ドイツ精神とキリスト教」

『大阪教育大学紀要』第Ⅳ部門第 50 巻第 1 号，2001 年 8 月．
・「リット政治教育思想の研究（Ⅴ）――国家暴力と道徳」『大阪教育大学紀要』第Ⅳ部門第 53 巻第 1 号，2004 年 9 月．
・「リット政治教育思想の研究（Ⅵ）――民主主義と政治教育」『大阪教育大学紀要』第Ⅳ部門第 59 巻第 1 号，2010 年 9 月．
・「リット政治教育思想の研究（Ⅶ）――共産主義と自由の問題」『大阪教育大学紀要』第Ⅳ部門第 61 巻第 1 号，2012 年 9 月．

　本書の原稿を書き終えて，改めてリット研究の奥深さというものを感じた。まだまだリット研究の道は続いているのであるが，今後どこまで進むことができるのか。当面は，もう一度原点に立ち戻って，初期の大作『個人と共同体』に取り組んでみたいと思っている。

　最後になったが，本書の出版を快くお引き受けくださった知泉書館の小山光夫社長に，心より厚くお礼申し上げたい。また，出版の仲介の労をとっていただいた国士舘大学の菱刈晃夫教授にも感謝の意を表したいと思う。

索引

ア 行

アーレント　125, 147
愛しながらの闘争　145, 146
アデナウアー　174
アムビヴァレンツ　101, 107, 109, 111, 113, 115-117
アメンドラ　125
アルト　152
アルプレヒト　65
インターナショナリズム　5, 16-25, 189
ヴァイマル共和国　6, 16, 26-28, 33, 35, 37, 44, 48-50, 54, 57, 58, 156, 182
ヴァイマル憲法　17, 27, 181
ヴァイマル連合　27, 181
ウィルソン　17
ヴィルヘルム　129, 130, 141-146
ヴェーニガー　58, 132
ヴェーバー（ベルント）　60
ヴェーバー（マックス）　3, 4, 27, 53
ヴェスターマン　38
ヴォルフ　64
運命　87, 88
エストライヒ　58
エックハルト　92
エティンガー　8, 129-146
エンゲルス　159, 163, 167
オイケン　65
オットー　90, 91

カ 行

カール　26
階級闘争　144, 147, 160
ガイスラー　9

ガウディヒ　36
科学の自由　168
学問的な大学　52-54
学問的非党派性　7, 8
学問の自由　54, 69, 73, 183
ガダマー　122, 151, 152
カルゼン　36
カント　45, 46, 106, 188
ギーゼッケ　146, 147
機械化　160, 161, 164
規範　116, 166, 168
教育関係　152
教育的な実験　149, 161, 175
教育の自律　7, 59, 152-154
教育の政治化　7
共産主義　6, 8, 125, 128, 149, 150, 156-169, 173-178, 188, 189
共産主義的科学　162, 163
強者の正義　113
キリスト教　72, 79-85, 91-95, 103
キリスト教的人間学　103
近代派　33, 44
グァルディーニ　38
クザーヌ　92
グライヒシャルトゥング　77, 96
クラフキ　9, 49, 59, 60, 67, 119, 146, 174, 181-183
クラフキ・レブレ論争　181
クランストン　167
クリーク　58
クリューガー　62
グリュネヴァルト　92
グロティウス　43, 105
ゲイ　26
経済の自由　169, 170, 187
啓蒙主義　46, 157-159, 176
決断　50-53, 183

索　引

ゲッツェ　38
ケルシェンシュタイナー　8, 36, 43, 44, 135, 136, 138
ゲルデラー　5, 64, 65
厳格な中立性　7, 8, 183, 184
研究の自由　168
権力　23, 45, 116, 132, 135, 137, 141, 142
コーン　15
交差　21, 22
公民科　35-37
公民教育　5, 8, 35-50, 105, 136, 189
公民週間　38, 40
合理化　158, 161, 162, 164
国際協調　17, 35-37
告白教会　65, 82
個人主義　125
国家形而上学　130, 137
国家暴力　99, 101, 105-118
古典的自由主義　186, 187
コンフリクト　146, 147

サ　行

ザウエルブルック　96
シェム　61
ジェンティーレ　125
自己省察　69
自然主義　99, 113-116
自然主義的倫理学　113
自然状態　40, 41
時代的なもの　172
社会自由主義　186, 187
社会主義　26, 58, 150
社会的状態　102, 104
社会民主主義　188
自由　6, 25, 101, 106-109, 116, 125-128, 144, 145, 156, 159, 165-171, 178, 184, 189
シュヴァイツァー　122
習慣　143, 144
自由主義　184-188

熟議民主主義　186
シュトレーゼマン　26, 27
シュプランガー　9, 12, 36, 54, 58-60, 96
シュペングラー　111
シュミット　135, 136
諸自由の均衡　170, 187
シラー　69, 70, 73
人格の自由　170, 187, 188
新自由主義　187
人種理論　71, 72, 86, 87
進歩の哲学　158
人民民主主義　177
ジンメル　12
ズィームゼン　58
スターリン　125, 159, 175
ゼーリング　152
政治的自己教育　134
政治的動物　128
政治的なもの　136, 137
政治闘争　137-139, 146, 147
政治の教育化　7
精神科学　67-69, 73
精神科学的教育学　7, 58, 132
精神的状況　152, 154
精神についての学　71
正統派　33
西洋精神　159
世界観哲学　76
世界史的な実験　149, 161, 164, 175
全体主義　7, 121, 124-128, 133, 138, 139, 155, 156, 170, 174, 176, 183-185, 189
ゾーデン　96
ソヴィエト化　122, 123, 151, 155
存在の闘争　139

タ　行

大学の自由　54, 60, 183
第三帝国　32, 65, 111, 115
対立の教育学　43, 44

索　引　　　　　　　　　　195

高いエートス　132, 133
多元主義的民主主義　147, 185, 186
他者　30, 31, 51, 90-96
田辺元　188
ダレ　80
チェンバレン　80
注意深さ　112, 113, 116
超個人的な力　152, 154, 171, 187
超時代的なもの　172
ツィールトマン　38
出会い　72, 73, 88-92, 94-96, 189
ディーツェ　65
ディートリヒ　74, 75, 117
抵抗運動　5, 64, 96
ディスクルス倫理　186
ディルタイ　12, 76, 154
哲学的人間学　4, 51, 71, 94
デューイ　97, 118, 132, 144
デューラー　92
デルボラフ　9
ドイツ科　29-32, 79
ドイツ観念論　100, 101, 103
ドイツ国民性　17, 35-37
ドイツ精神　29, 32, 72, 79, 81, 83-85, 91-93
ドイツ的人間　29, 31, 32, 76
ドイツ民主党　27
闘争　32, 118, 135, 137-139, 141, 142, 144, 186
道徳的厳格主義　107, 108
道徳的抑制　99, 113, 116, 118
道徳的良心　111, 112, 115, 116
動物国家　108, 126
友と敵　137, 139
トラヴェルソ　176
トルーマン　155
トルーマン・ドクトリン　155, 156, 176
トレルチ　12, 13, 25, 27
トロツキー　177

ナ　行

ナウマン　27
ナショナリズム　5, 11, 13, 15-25, 28, 30, 33, 189
ナチス　5, 49, 54, 58, 74, 80-82, 94, 96, 111, 118, 129, 130
ナチズム　5, 6, 9, 33, 50, 54, 57, 79, 81, 82, 104, 115, 117, 121, 122, 125, 128, 129, 145, 151, 156, 174-177, 185, 189
ナトルプ　36
ニーチェ　93, 111
ニーメラー　82
ニコーリン　60
人間像　159, 160, 164
人間陶冶　4
人間に関する科学　163, 164, 168
人間の特殊地位　86
ノージック　187
ノール　9, 59

ハ　行

パートナーシップ　121, 130-133, 137-146, 186
パートナーシップ教育　131-133
パーペン　130
ハイゼンベルク　96
ハウプトマン　27
パスカル　117
バッハ　92
パルジヴァル　92
バルト　96
反論の自由　168, 169
ピウス11世　82
ビスマルク　130
否定的なもの　101, 103
ヒトラー　8, 57, 80, 81, 99, 113-115, 118, 130
ヒュラ　38
表現の自由　168, 169

平等　144, 178, 188
ヒンデンブルク　57
ブーバー　152
ファーレンバッハ　77
フィッシャー　40
フェルスター　136
フォスラー　54
福祉国家論　186, 187
フライヤー　54, 185
ブラオンベーレンス　65
プラトン　52
フリーデリヒ　65
フリットナー　58
ブルトマン　96
プロイス　27
プロテスタンティズム　99, 100, 103, 104
文化科　28-32
文化科学　19, 30
文化教育学　4, 12-15, 19, 28, 30, 33
文化哲学　4, 12, 14, 15, 19
文化領域　40, 41, 166, 168, 170, 182, 187
ヘーゲル　51, 75-77, 101, 111, 154, 159
ペーターゼン　36, 152
ヘーリアント　92
平和　32, 117, 132, 137-139, 142, 143
ペスタロッチ　99-104, 117
ヘルダー　46
弁証法　8, 12, 23, 67, 100, 103, 135, 175, 176, 179, 188
弁証法神学　93
弁証法的教育学　12
弁証法的思考　12, 100
弁証法的唯物論　151, 161, 167, 168, 175
ホイス　27, 38
ボイマー　38
ボイムラー　58, 96, 129
法　13, 41, 45, 105
包越　51, 52

暴力　40-42, 45, 105-117, 162, 189
暴力のデーモン　109, 111
ボッシュ　96
ホッブズ　40
ボリンスキー　58
ボルノー　88
ボンヘッファー　65

マ　行

マイネッケ　25, 27
マキアヴェリ　43, 105
マティス　184
マルクーゼ　74
マルクス　150, 159, 163, 178
マルクス主義　80, 122, 150, 167, 175, 176
マン　27
民主化のための再教育　121, 122
民族共同体　87, 90, 145

ヤ　行

ヤスパース　54, 145
唯一の科学　159

ラ　行

ラートブルフ　36, 38
ライヒヴァイン　58
ライヒ学校会議　36
ラサーン　9, 65
ランゲ　152, 154, 155
ランペ　64
理性的共和主義者　25-27, 39, 48, 119, 122, 181, 182
理性的洞察　135, 141, 143, 172
リッター　65
リッヒャート　29
リバタリアニズム　187
リヒター　32
リベラルな民主主義　175, 177, 183,

184
リュールマン　36
両義性　41, 89, 101, 104, 105, 107, 117, 126, 166
リンガー　33, 44, 54
リンゲルバッハ　59, 67
倫理学的自然主義　113
ルクセンブルク　177
レーニン　149, 150, 159, 163, 177
歴史　46, 57, 67, 70-73, 78, 115, 116, 132, 158, 159, 164, 169, 188

歴史的立場意識　152
レブレ　9, 60, 65, 81, 147, 182-184
ローゼンベルク　5, 8, 64, 79-87, 91, 118, 175
ロールズ　186, 188

ワ　行

和解　101
我汝関係　152

宮野 安治（みやの・やすはる）

1946年大阪府生まれ。京都大学教育学部卒業。京都大学大学院教育学研究科博士課程単位取得退学。京都大学博士（教育学）。現在，関西福祉科学大学教授，大阪教育大学名誉教授。専攻：教育哲学。

〔主要業績〕『教育関係論の研究』（溪水社，1996年），『時代と向き合う教育学』(共著，ナカニシヤ出版，1997年)，「教育行為論のために」（山﨑高哉編『応答する教育哲学』ナカニシヤ出版，2003年），「西田幾多郎と教育学」（上田閑照編『人間であること』燈影舎，2006年），『リットの人間学と教育学』（溪水社，2006年），『講義 教育原論』（共著，成文堂，2011年），「高坂正顕の教育現象学」（和田修二／皇紀夫／矢野智司編『ランゲフェルト教育学との対話』玉川大学出版部，2011年）など。

〔政治教育と民主主義〕　　　　　　　　ISBN978-4-86285-197-0
2014年10月10日　第1刷印刷
2014年10月15日　第1刷発行

著者　宮野安治
発行者　小山光夫
製版　ジャット

発行所　〒113-0033 東京都文京区本郷1-13-2　株式会社 知泉書館
電話03(3814)6161 振替00120-6-117170
http://www.chisen.co.jp

Printed in Japan　　　　　　　　　　　印刷・製本／藤原印刷